HANS-HEINER KÜHNE

Kriminalitätsbekämpfung durch innereuropäische Grenzkontrollen?

Schriften zum Europäischen Recht

Herausgegeben von

Siegfried Magiera und Detlef Merten

Band 8

Kriminalitätsbekämpfung durch innereuropäische Grenzkontrollen?

Auswirkungen der Schengener Abkommen auf die innere Sicherheit

Von

Prof. Dr. Hans-Heiner Kühne

Duncker & Humblot · Berlin

Die Deutsche Bibliothek – CIP-Einheitsaufnahme

Kühne, Hans-Heiner:
Kriminalitätsbekämpfung durch innereuropäische Grenzkontrollen?: Auswirkungen der Schengener Abkommen auf die innere Sicherheit / von Hans-Heiner Kühne. — Berlin: Duncker und Humblot, 1991
(Schriften zum Europäischen Recht; Bd. 8)
ISBN 3-428-07158-1
NE: GT

Satz: Klaus-Dieter Voigt, Berlin 61
Druck: Color-Druck Dorfi GmbH, Berlin 49
Printed in Germany

ISSN 0937-6305
ISBN 3-428-07158-1

Vorwort

Die vorliegende Arbeit wurde durch einen Gutachten-Auftrag des Rheinland-Pfälzischen Innenministeriums initiiert. Ich danke Herrn Staatsminister Geil für die Genehmigung, dieses Gutachten zu veröffentlichen.

Trier, im Januar 1991

Hans-Heiner Kühne

Inhaltsverzeichnis

I. Der gegenwärtige Diskussionsstand

1. Ausgangssituation

Am 14. 6. 1985 wurde das sog. *„Schengener Abkommen"*, d.h. das „Übereinkommen zwischen den Regierungen der Staaten der Benelux-Wirtschaftsunion, der Bundesrepublik Deutschland und der Französischen Republik betreffend den schrittweisen Abbau der Kontrollen an den gemeinsamen Grenzen" abgeschlossen.

Das Abkommen enthält neben dem in seinem Titel genannten Regelungsgegenstand, den Vereinbarungen über Verfahren und Intensität der Kontrollen des Personen- und Straßengüterverkehrs an den gemeinsamen Grenzen der Unterzeichnerstaaten, in erster Linie politische Absichtserklärungen betreffend die Durchführung von Maßnahmen zur Vermeidung von möglichen negativen Folgen der Lockerung der Kontrollen auf dem Gebiet der „inneren Sicherheit".

Verfahren und Intensität der Grenzkontrollen sollen sich nach dem Schengener Abkommen folgendermaßen darstellen:

Art. 17 des Abkommens sieht für den Personenverkehr den *völligen Abbau der Kontrollen* an den gemeinsamen Grenzen und deren Verlegung an die Außengrenzen des Gebietes der Unterzeichnerstaaten vor. Diese Maßnahme sollte ursprünglich nach Art. 30 des Abkommens zum 1. 1. 1990 wirksam werden.

Anfang Juli 1989 wurde dieser Termin jedoch auf Beschluß der Regierungsdelegationen der Unterzeichnerstaaten *„wegen ungelöster Sicherheitsfragen" zunächst verschoben*. Auch die zum 15. 12. 1989 geplante Unterzeichnung des Schengener Zusatzabkommens, in dem die Voraussetzungen für die Grenzöffnung zum 1. 1. 1990 endgültig geschaffen werden sollten, kam zunächst nicht zustande.

Erst am 13. 6. 1990 wurde das „Übereinkommen zur Durchführung des Übereinkommens von Schengen vom 14. 6. 1985 zwischen den Regierungen der Staaten der Benelux Wirtschaftsunion, der Bundesrepublik Deutschland und der Französischen Republik betreffend den schrittweisen Abbau der Kontrollen an den gemeinsamen Grenzen" (im folgenden als Schengen II bezeichnet) unterzeichnet.

Bereits ab dem 15. 6. 1985 ist für den Personenverkehr an den gemeinsamen Grenzen nach Art. 2 des Abkommens folgendes Verfahren eingeführt worden:

Anstelle einer regelmäßigen Kontrolle aller die Grenze passierenden PKW führen die Polizei- und Zollbehörden eine einfache Sichtkontrolle der die Grenze mit verminderter Geschwindigkeit überquerenden Personenfahrzeuge mit stichprobeartigen, eingehenderen Kontrollen einzelner PKW, die zu diesem Zweck von der Fahrspur auf besondere Kontrollplätze gewiesen werden, durch.

Im „Schengener Abkommen" werden folgende Maßnahmen zum Ausgleich möglicher Sicherheitsdefizite durch Wegfall der Ausweiskontrollen stichwortartig angesprochen:

Beabsichtigt ist die Annäherung der Sichtvermerkspolitik und des Ausländerrechts der Vertragstaaten in Bezug auf Staatsangehörige von Nicht-EG-Ländern, sowie des Betäubungsmittel-, des Waffen- und Sprengstoff- und des Hotelmelderechts, die Zusammenarbeit ihrer Zoll- und Polizeibehörden bei der Bekämpfung der Kriminalität, insbesondere des illegalen Drogen- und Waffenhandels, der unerlaubten Einreise und des unerlaubten Aufenthalts, der Zoll- und Steuerhinterziehung, des Schmuggels und der illegalen Kapitalbewegungen und zwar sowohl bei der Prävention als auch bei der Fahndung, wobei insbesondere die Einführung eines Rechts der grenzüberschreitenden Nacheile geprüft werden soll, sowie der Aufbau eines System des Informationsaustausches über kriminalistisch relevante Daten.

Die Durchführungsvereinbarung Schengen II definiert insbesondere die Vorgaben für Maßnahmen zum Ausgleich gefürchteter Sicherheitsverluste und konkretisiert damit das eigentliche Schengener Abkommen.

Für Waffen-, Drogen- und Melderechte sowie die Vergabe von Sichtvermerken werden gemeinsame Strukturen formuliert. Ausländer- und Asylrecht bleiben in den nationalen Rechten ungeändert, lediglich formale Strukturen des Vorgehens und der Kooperation werden festgeschrieben.

Die polizeiliche Zusammenarbeit wird insbesondere auch durch die geplante Einführung des Schengener Informationssystems verbessert. Dieses Informationssystem ist ein elektronischer Informationsverbund der Polizeien der Vertragsstaaten und wird seine Zentrale in Straßburg haben.

Komplizierte Regeln werden für die grenzüberschreitende Observation und die Nacheile gefunden. Wegen der besonderen nationalen Empfindlichkeiten im Bezug auf u. U. erforderliche Amtshandlungen von Polizeibeamten auf fremdem Territorium haben die Vertragspartner jeweils gesonderte Erklärungen über die Ausgestaltung der Nacheile auf ihrem Staatsgebiet formuliert[1].

Mit Schengen II ist die Realisierung der Ziele des Schengener Abkommens ein Stück nähergerückt, weil über wesentliche Details Einigung erzielt worden ist. Schengen II bedarf jedoch der Ratifizierung durch die Vertragsstaaten und

---

[1] Vgl. den Text dieser nationalen Erklärungen im Anhang.

der technischen wie legislatorischen Umsetzung der dort getroffenen Vereinbarungen. Insofern ist der Weg zu den vom Schengener Abkommen anvisierten Zielen noch weit.

Vorläufer des „Schengener Abkommens“ sind die bilateralen Vereinbarungen der Bundesrepublik mit Frankreich vom 13. 7. 1984 und mit dem Nicht-EG-Mitgliedstaat Österreich vom 21. 8. 1984, die ähnliche erleichterte Kontrollverfahren im Personenverkehr vorsehen. Das deutsch-französische Abkommen sieht darüber hinaus ebenfalls Maßnahmen zur polizeilichen und justiziellen Zusammenarbeit beider Länder vor, die teilweise auch bereits verwirklicht worden sind[2]. Daneben wurde schon seit Mitte 1983 an den Grenzen zu einigen EG-Nachbarstaaten von deutscher Seite ein solches gelockertes Kontrollverfahren erprobt[3].

Nach dem mit der am 1. 7. 1987 in Kraft getretenen Einheitlichen Europäischen Akte in den EWG-Vertrag eingefügten Art. 8 a soll der Binnenmarkt als Raum ohne Binnengrenzen, in dem der freie Verkehr von Waren, Personen, Dienstleistungen und Kapital gewährleistet ist, schrittweise bis zum 31. 12. 1992 verwirklicht werden. Damit ist auch der vollständige Verzicht auf Personenkontrollen an den innergemeinschaftlichen Grenzen zu diesem Termin projektiert.

Ebenso wie im „Schengener Abkommen“ wurden auch bei Annahme der Einheitlichen Europäischen Akte pauschale und wenig konkrete Absichtserklärungen der Regierungen der Mitgliedstaaten bezüglich der Zusammenarbeit auf den Gebieten der Einreise, der Bewegungsfreiheit und des Aufenthalts von Staatsangehörigen dritter Länder, der Bekämpfung des Terrorismus, des Drogenhandels, des unerlaubten Handels mit Kunstwerken und Antiquitäten sowie der Kriminalität allgemein abgegeben[4].

Die besondere Bedeutung des „Schengener Abkommens“ liegt demnach in seinem Modellcharakter für die im Rahmen der Verwirklichung des EG-Binnenmarktes geplante Abschaffung der Personenkontrollen an den gemeinsamen Grenzen aller Mitgliedstaaten der Gemeinschaft.

Die Erfahrungen, die in diesem Rahmen mit dem Verzicht auf Grenzkontrollen auf dem Gebiet der „inneren Sicherheit“ gemacht werden, dürfen als exemplarisch für die „große EG-Binnengrenzöffnung“ angesehen werden.

Vor diesem Hintergrund hat sich seit Abschluß der „Schengener“ Vereinbarungen im Jahre 1985, vornehmlich aber in dem letzten Jahr vor der geplanten endgültigen Aufhebung der Kontrollen, eine zwar lebhafte, aber oberflächliche, von subjektiven Vorurteilen und politischen und berufsständischen

---

[2] Vgl. dazu im einzelnen Schreiber, DNP 1985, S. 56/57.

[3] Schreiber, a.a.O., S. 56.

[4] Vgl. Bericht der Kommission S. 2.

Interessen verzerrte Diskussion über die Auswirkungen der Abschaffung der Grenzkontrollen auf die „innere Sicherheit“ entwickelt, die mit der Stornierung des Abkommens im Sommer 1989 ihr vorläufiges Ende gefunden zu haben scheint.

Ebenfalls streitig diskutiert werden die rechtlichen Fragen der Schengener Abkommen. Wie weit gehen die Möglichkeiten einer gemeinschaftsrechtlichen Harmonisierung von Sicherheitsgesetzen; ergibt sich der Wegfall der Kontrollen an den Binnengrenzen zwingend aus dem Gemeinschaftsrecht; welche EG-Kompetenzen bestehen für den Erlaß von Ausgleichsmaßnahmen für Sicherheitsverluste?[5] Diese kompetenzrechtlichen Probleme müssen bei der vorliegenden Arbeit unberücksichtigt bleiben, da hier allein die materiellen Fragen geprüft werden sollen, die im Spannungsfled zwischen (innereuropäischem) Grenzabbau und einzelstaatlichen Interessen an innerer Sicherheit entstehen.

2. Die Diskussion

Die Diskussion der Frage, wie sich die Abschaffung der Kontrollen im Rahmen des „Schengener Abkommens“ bzw. der Schaffung des EG-Binnenmarktes auf die „innere Sicherheit“ auswirken wird, ist hauptsächlich von polizeilicher Seite und von Vertretern des Bundesinnenministeriums in Gang gebracht worden, während von europolitischer Seite im Dienste der europäischen Integration bisher zur Vernachlässigung dieser Thematik geneigt wurde.

Entsprechend lassen sich in der Diskussion zwei unterschiedliche Ausgangspositionen festhalten, deren schlichte Kernaussagen folgendermaßen umrissen werden können:

Repräsentantin der *europolitischen Position* ist in erster Linie die *EG-Kommission*, die in ihrem Bericht an den Rat über die Abschaffung der Personenkontrollen an den innergemeinschaftlichen Grenzen vom 16. 1. 1989 die Ausgangsthese vertritt, daß „die derzeit an den Grenzen vorgenommenen Kontrollen ineffizient sind“, wobei sie zur Begründung einfach darauf verweist, daß dies jeder wisse, der mit der Materie vertraut sei[6].

Ähnlich äußerte auch der frühere deutsche EG-Vizepräsident *Bangemann*, die Auffassung der Polizeivertreter, durch Aufhebung der EG-Binnengrenzen entstehe ein Sicherheitsdefizit, sei „völlig falsch“[7].

Dementsprechend geht die *EG-Kommission* in ihrem Bericht auch nicht ausdrücklich auf die Frage ein, ob mit dem Wegfall der Grenzkontrollen Ein-

---

[5] Vgl. dazu T. Stein 1990 mit weiteren Nachweisen

[6] Mitteilung der Kommission an den Rat S. 2.

[7] Zitiert in Kriminalistik 1989, S. 262.

bußen auf dem Gebiet der „inneren Sicherheit" der EG-Staaten verbunden seien, sondern deutet nur vorsichtig an, daß „die Abschaffung der Grenzkontrollen nicht zu einer Zunahme terroristischer Akte oder schwerer Kriminalität führen dürfe" und mit dem errichteten „Raum der Freiheit" zugleich ein „Raum der Sicherheit" zu schaffen sei[8].

Die lediglich schlagwortartig aufgelisteten und nicht weiter ausgearbeiteten Vorschläge der Kommission, die Waffen-[9] und Drogengesetze anzugleichen, die Vorschriften betreffend das Asylrecht[10] und den Flüchtlingsstatus, die einzelstaatliche Visumspolitik, die Auslieferungsvorschriften und die Vorschriften betreffend den Status von Staatsangehörigen von Drittländern zu koordinieren, werden in ähnlich vorsichtiger Weise nicht als „Ausgleichsmaßnahmen" zum Auffangen möglicher Sicherheitsverluste, sondern als „flankierende Maßnahmen" zur Abschaffung der Kontrollen bezeichnet[11], wie auch generell der Charakter dieser Maßnahmen als ohnehin durchzuführender Integrationsschritt auf dem Wege zu einem einheitlichen EG-Binnenraum in den Vordergrund gestellt wird. Teilweise hält die Kommission überhaupt einzelne Vorschläge beispielsweise zur Verstärkung der Zusammenarbeit der Justizbehörden auf dem Gebiet des Strafrechts, vor allem die Ratifizierung bestehender und die Ausarbeitung neuer Abkommen auf diesem Gebiet ohne weitere Begründung „für die Abschaffung der innergemeinschaftlichen Grenzen nicht unbedingt für erforderlich"[12].

Als echte Ausgleichsmaßnahme zu möglichen Sicherheitsverlusten durch Wegfall der Binnengrenzkontrollen favorisiert die *EG-Kommission* offenbar nur die verstärkte und vereinheitlichte, im Hinblick auf die Sicherheitsinteressen aller Mitgliedstaaten durchgeführte Kontrolle der EG-Außengrenzen[13].

Insgesamt tendiert die Kommission dazu, die Frage möglicher Sicherheitsverluste durch den Wegfall der Grenzkontrollen zu ignorieren bzw. sogar pauschal mit der Begründung zu negieren, die im Interesse der europäischen Integration zu treffenden Angleichungs- und Kooperationsmaßnahmen würden eine modernere und effektivere Form der präventiven und repressiven Verbrechensbekämpfung als die traditionellen Grenzkontrollen darstellen[14]. Dem liegt offenbar die Vorstellung zugrunde, der Wegfall der Kontrollen an den Binnengrenzen und der damit geschaffene Druck zur Rechtsangleichung und Zusammenarbeit in allen Bereichen könne nur als Fortschritt und Zugewinn

---

[8] Bericht der Kommission S. 24 und ähnlich S. 14.

[9] Vgl. den Richtlinienvorschlag über die Kontrolle des Erwerbs und Besitzes von Waffen, KOM (88) 640.

[10] Vgl. zu den gescheiterten Versuchen einer Asylrichtlinie Wilke ZRP 1989, 225.

[11] Bericht der Kommission S. 12.

[12] Bericht der Kommission S. 25 und Art. 6, Schengen II.

[13] Vgl. Bericht der Kommission S. 3.

[14] Bericht der Kommission S. 24.

auch im Bereich der „inneren Sicherheit" des EG-Binnenraumes insgesamt zu betrachten sein. Die Kommission suggeriert damit in geschickter Weise, daß von der Grenzöffnung gerade keine Sicherheitsverluste, sondern im Gegenteil mittelbar Sicherheitsgewinne zu erwarten seien. Ähnliche Ansichten finden sich vereinzelt auch in der Literatur. So betont Alderson[15] unter Hinweis auf die Probleme in Nordirland, daß die Grenzkontrollen dort weder die Terroristen noch sonstige Schwerverbrecher ernsthaft stören.

Die *polizeiliche Position* ist demgegenüber beherrscht von drastisch gezeichneten metaphorischen Bildern wie der Vorstellung, mit der Abschaffung der innereuropäischen Grenzkontrollen komme es zu „polizeilicher Kleinstaaterei in einem vereinten Europa" und zur „Euro-Spur für Rechtsbrecher und geschlossenen Schranken für die Polizei"[16] und zu der Situation, daß „der internationale Verbrecher gemütlich im Super-Schnellzug durch Europa reise, während der Kriminalbeamte mit dem Fahrrad hinterher fahre"[17].

Der Einfluß der bestehenden Grenzkontrollen auf die Kriminalitätsbekämpfung wird dementsprechend einhellig als positiv eingeschätzt, ohne daß jedoch differenzierte Ausführungen gemacht würden.

Vertreter der polizeilichen Linie wie *Schreiber*[18] und *Rupprecht*[19] etwa halten die EG-Binnengrenzen für „natürliche strategische Linien der polizeilichen Verdachtsschöpfung, Fahndung und Gefahrenabwehr". *Herold* sieht die grenzpolizeilichen Kontrollen gar als einen der „wichtigsten Grundpfeiler der repressiven und präventiven Verbrechensbekämpfung" an[20]. Insbesondere wird häufig betont, daß die Grenzkontrollen eine wichtige Rolle bei der Bekämpfung des internationalen organisierten Verbrechens spielen würden[21]. Etwas differenzierter äußert sich *Boge*, der zwar ein Ansteigen des illegalen Betäubungsmittelhandels und eine Erschwerung der Sach- und Personenfahndung nach Abbau der Grenzkontrollen befürchtet, aber diese Kontrollen für bedeutungslos für die Entwicklung der Organisierten Kriminalität, der Ausländerkriminalität und des Terrorismus hält[22].

---

[15] 1988, S. 303, 306. Alderson zitiert den ehemaligen britischen Innenminister Sir Douglas Hurd mit der Äußerung: „Sie (scil. die Verbrecher) respektieren keine Grenzen und es ist wesentlich, daß unsere Bemühungen nicht durch Grenzen behindert werden", a.a.O., S. 304.

[16] Boge, Krim. 1987, S. 413.

[17] So referiert bei Burghard, Krim. 1989, S. 342.

[18] Referat anläßlich der Arbeitstagung des BKA 1984 in Wiesbaden, DNP 1985, S. 58.

[19] Krim. 1989, S. 263.

[20] Zitiert bei Walter, Krim. 1989, S. 66.

[21] So Voyke, IPA-aktuell 1989, S. 4/5; Stümper, 1989, S. 11; Krüger, HPR 1989, S. 6 und im Editorial DNP 1988, S. 518.

[22] HPR 1989, S. 4/5.

Gerne wird auf eine zweifache Sicherheitsfunktion der Grenzkontrollen bei der Kriminalitätsbekämpfung in repressiver und präventiver Hinsicht verwiesen[23]:

Der repressive Effekt soll sich dabei vor allem an der insgesamt hohen und in den letzten Jahren kontinuierlich angestiegenen Zahl der Aufgriffe an den Grenzen der Bundesrepublik ablesen lassen. Danach hat sich die Anzahl der Aufgriffe insgesamt von rund 87000 insgesamt stetig auf fast 92000 im Jahre 1987 und fast 103000 im Jahre 1988 erhöht[24].

In diesem Zusammenhang wird immer wieder betont, daß die Zahl der sog. Fahndungsaufgriffe, also solcher, die aufgrund eines Fahndungsausschreibens zustande gekommen sind, in den letzten Jahren rückläufig war, während die Zahl der sog. Initiativaufgriffe, d.h. solcher, die auf der Eigeninitiative des kontrollierenden Beamten beruhten, insbesondere bei den Betäubungsmitteldelikten gestiegen sei und dies zu einem Anstieg der Grenzaufgriffe insgesamt beigetragen habe[25]. Dabei wird allerdings teilweise mit Zahlenwerten operiert, die die tatsächlichen Steigerungsraten bei den Initiativaufgriffen um ein Vielfaches übersteigen[26].

Weiterhin wird auf die große Zahl zurückgewiesener Ausländer, die illegal einzureisen versuchten, auf die an der Grenze sichergestellten Rauschgiftmengen und auf die beanstandeten und zurückgewiesenen PKW hingewiesen[27].

Ganz überwiegend werden diese Zahlenwerte unkritisch als Nachweis der Effektivität der Grenzkontrollen in repressiver Hinsicht aufgenommen. Lediglich *Rupprecht* gibt zu bedenken, daß kein zuverlässiger Effektivitätsvergleich der Kontrollen mit der Leistung anderer polizeilicher Funktionsbereiche möglich sei, da es insbesondere über die Festnahmezahlen der Länderpolizeien keinen Meldedienst gebe und bemüht sich, anhand des Verhältnisses zwischen Aufgriffen und Personalstärke eine höhere Effektivität der Grenzkontrollen gegenüber der Tätigkeit der Länderpolizeien nachzuweisen[28].

---

[23] So Rupprecht, Krim. 1989, S. 263; Schreiber, DNP 1985, S. 58; Boge, Int. Verbrechensbek., S. 59; Gröbl, DNP 1989, S. 82; IMK-Arbeitsgruppe zur Prüfung von Ausgleichsmaßnahmen für den Abbau von Personenkontrollen an den Binnengrenzen, Bericht S. 2.

[24] Quellen: Bericht der IMK-Arbeitsgruppe S. 2; Tätigkeitsbericht des BGS 1988 S. 19.

[25] So Schreiber DNP 1985, S. 57; Rupprecht Krim. 1989, S. 263; Walter, Krim. 1989, S. 68; Stümper S. 11.

[26] Walter, a.a.O., S. 68 führt für das 2. Halbjahr 1988 im Vergleich zum 1. Halbjahr eine Steigerung der Initiativaufgriffe um „mehr als 20%“ an. Betrachtet man das Verhältnis der Initiativaufgriffe zu den Fahndungsaufgriffen in den Jahren 1983, 1987 und 1988, so ergeben sich für erstere Anteile von rund 54, 55 bzw. 59% an den Gesamtaufgriffen und mithin über die Jahre Steigerungsraten von nur wenigen Prozentpunkten; Quellen: siehe Fn. 18. Näher hierzu unten bei III.

[27] Vgl. vor allem Stümper S. 11.

[28] Krim. 1989, S. 263.

Einige Polizeivertreter lesen anhand der Anzahl der Initiativaufgriffe sogar einen Wandel des Berufsbildes des lediglich Pässe kontrollierenden Grenzbeamten zum kriminalistisch begabten „Grenzdetektiv" ab[29], wobei sogar der Eindruck erweckt wird, die Lockerung der Kontrollen habe erst kriminalistische Kreativitätspotentiale bei den Grenzbeamten freisetzen können. Anzumerken ist dabei, daß mit dieser Konzeption dem Einwand, daß bereits seit mehreren Jahren an den Grenzen der Bundesrepublik die Regelkontrolle aller die Grenzen passierenden PKW zugunsten eines gelockerten Kontrollverfahrens per Sichtkontrolle und bloß stichprobenartiger eingehenderer Kontrolle aufgegeben worden ist und dies entgegen anfänglicher Bedenken nach nunmehr einhelliger Ansicht nicht zu „Sicherheitsdefiziten" geführt habe[30], daß die Regelkontrolle also bloße „Paßnachschau"[31] und „der Schlagbaum kein besonders intelligentes Fahndungsinstrument sei"[32], entgegengetreten werden kann.

Teilweise wird jedoch auch eingewandt, Erfolge bei Initiativaufgriffen hätten weniger mit kriminalistischem Spürsinn, als mit purem Zufall und einer Steigerung der grenzüberschreitenden Kriminalität insgesamt zu tun[33].

Ferner wird ein präventiver Effekt dahingehend behauptet, daß potentielle Täter durch das Risiko, sich einer grenzpolizeilichen Kontrolle unterziehen zu müssen, vom Grenzübertritt abgeschreckt bzw. zu lästigen und „kriminelle Energien aufzehrenden" Sicherungsmaßnahmen gezwungen würden[34]. Allerdings wird eingeräumt, daß dieser präventive Effekt nicht quantifizierbar sei[35] und im übrigen dieser Abschreckungseffekt sich wohl weniger beim professionellen internationalen Verbrecher als beim „Alltagskriminellen" auswirke[36].

Der Forderungskatalog des polizeilichen Schrifttums bezüglich der Verwirklichung sog. Ausgleichsmaßnahmen zum Auffangen möglicher Sicherheitsverluste ist sehr viel umfangreicher und konkreter als der im „Schengener Abkommen" und der von der EG-Kommission aufgestellte sowie der in Schengen II realisierte. Die von polizeilicher Seite im Zusammenhang mit dem Wegfall der Grenzkontrollen im Rahmen des „Schengener Abkommens" und im Rahmen der gesamteuropäischen Grenzöffnung gestellten Forderungen können grob in drei Gruppen eingeteilt werden:

Zunächst wird als gleichzeitig mit Aufgabe der Kontrollen an den Grenzen der „Schengener Staaten" bzw. des Binnengebietes der EG zu verwirkli-

---

29 So Schreiber, DNP 1985, S. 58; ähnlich Boeden, Int. Verbrechensbek. S. 249.

30 Vgl. Walter, Krim. 1989, S. 69; Gröbl, DNP 1989, S. 82.

31 Schreiber, DNP 1985, S. 57.

32 So Schäuble, Spiegel 28/98, S. 28.

33 So Topmann, Int. Verbrechensbek. S. 241 und 251; ähnlich Boge HPR 1989, S. 3.

34 Rupprecht, Krim. 1989, S. 263/264; Schreiber, DNP 1985, S. 58; Gröbl, DNP 1989, S. 82.

35 Rupprecht, a.a.O., ebenda.

36 Schreiber, DNP 1985, S. 58.

chende Maßnahme die *Verstärkung und Vereinheitlichung der Kontrollen an den Außengrenzen* dieser Staaten bzw. der Gemeinschaft gefordert.

Die meisten übrigen aus polizeilicher Sicht kurzfristig durchzuführenden Maßnahmen wie z. B. nach Aufbau eines elektronischen Fahndungsverbundes oder Einführung grenzüberschreitender Nacheile und Observation, lassen sich unter der Forderung nach *Schaffung eines EG-einheitlichen Fahndungsraumes* zusammenfassen.

Schließlich werden Forderungen nach Harmonisierung und Vereinheitlichung auf dem Gebiet der Sicherheitsgesetzgebung und damit nach *Schaffung eines EG-einheitlichen Rechtsraumes* auf diesem Gebiet gestellt.

Im einzelnen ergeben sich bezüglich der Vereinheitlichung der Fahndung folgende Probleme und Forderungen:

– Europol/EurSec

Die Zusammenarbeit von derzeit 142 Polizeibehörden aus ebensovielen Ländern unterschiedlichster technischer, personeller und finanzieller Ausstattung in der Internationalen Polizeilichen Organisation IKPO-Interpol wird vielfach als zu schwerfällig und wenig effizient empfunden[37]. Daher wird vorgeschlagen, eine eigene Europol-Organisation bzw. ein Europäisches Regionalsekretariat EurSec mit einem eigenen Etat innerhalb der Interpol[38] einzurichten, das den eurospezifischen Kriminalitätsproblemen und Zusammenarbeitsbedürfnissen besser Rechnung tragen könnte. Das Schengener Informationssystem gemäß Schengen II kommt dieser Forderung sehr entgegen.

– Europäisches Polizei-/Kriminalamt

Ferner wird die Einrichtung eines Europäischen Kriminalamtes nach dem Vorbild des Bundeskriminalamts mit eigenen Zuständigkeiten und Exekutivbefugnissen auf dem Gebiet der schweren grenzüberschreitenden Kriminalität vorgeschlagen[39].

– Verbindungsbeamte/Polizeiattachés

Nach dem Vorbild der in mehreren Ländern bereits tätigen Rauschgiftverbindungsbeamten des BKA sollen auch für andere Kriminalitätsbereiche Verbindungsbeamte bzw. sog. Polizeiattachés in den übrigen EG-Ländern eingesetzt werden[40]. Schengen II entspricht diesem Wunsch in Art. 47.

---

[37] Vgl. Schmidt-Nothen, Krim. 1987, S. 409/411; Maaß, Krim. 1987, S. 431.

[38] Ein Europäisches Regionalsekretariat innerhalb der Interpol existiert bereits seit 1986, verfügt aber über keinen eigenen Fonds; Schmidt-Nothen Krim. 1987, S. 411.

[39] Schmidt-Nothen Krim. 1987, S. 411; Referat „Nationales Zentralbüro-Interpol/ Allg. Auslandsangelegenheiten" des BKA Krim. 1987, S. 424.

[40] Vgl. Stümper, Krim. 1988, S. 306.

– Gemeinsame mobile Polizeistreifen im Grenzgebiet

Ferner wird teilweise die Einrichtung gemeinsamer mobiler Polizeistreifen im Grenzgebiet gefordert[41].

– SIS-elektronisches Fahndungs- und Informationssystem

Für den Bereich der „Schengener Staaten" im Abkommen selbst schon vorgesehen und für den gesamten EG-Bereich gefordert wird die Errichtung eines elektronischen Fahndungs- und Informationsverbundes[42]. Verwiesen wird dabei auf positive Erfahrungen mit bereits bestehenden gemeinsamen Sach- und Personenfahndungsdateien etwa zwischen der Bundesrepublik und Spanien bezüglich gestohlener PKW, Waffen oder registrierter Banknoten. Das Schengener Informationssystem gem. Art. 92ff. von Schengen II entspricht diesen Forderungen soweit die Vertragsstaaten betroffen sind.

– Grenzüberschreitende Nacheile und Observation

Nach polizeilicher Einschätzung wichtigste und als unabdingbar empfundene Forderung ist die nach Vereinbarungen über die Zulässigkeit grenzüberschreitender Nacheile und Observation[43]. Schengen II hat hier in Art. 40ff. höchst komplizierte und äußerst unhandliche Regelungen gefunden.

Auffällig ist dabei, daß zwar durchweg Vereinbarungen über grenzüberschreitende Nacheile zwischen den „Schengener Staaten" und nach der „großen Grenzöffnung" auch zwischen sämtlichen EG-Staaten als Mindestvoraussetzung für den Wegfall der Kontrollen gefordert werden, eine Übersicht über die bisherige zahlenmäßige Relevanz der Nacheile als polizeilichem Fahndungsmittel jedoch an keiner Stelle gegeben wird[44].

– Vereinfachung des Rechtshilfeverkehrs

Als dringend wird auch die Vereinfachung des Rechtshilfeverkehrs, der derzeit zumeist auf dem langwierigen diplomatischen Geschäftsweg abgewickelt wird, angesehen. Insbesondere werden hier Vereinbarungen zwischen den „Schengener Staaten" bzw. den EG-Mitgliedsländern über die Einrichtung unmittelbarer Geschäftswege zwischen den beteiligten Behörden verlangt[45]. Art. 48ff. von Schengen II schaffen hier Erleichterung.

---

[41] Stümper, 1989, S. 12.

[42] Schreiber, DNP 1985, S. 57; Gröbl, DNP 1989, S. 85.

[43] Vgl. Ingenerf, Krim. 1989, S. 344; Rupprecht, Krim. 1989, S. 266.

[44] Die Nachdrücklichkeit, mit der von polizeilicher Seite die Einführung der grenzüberschreitenden Nacheile gefordert wird, mag auch darin begründet sein, daß sich gerade bei der Diskussion über die Nacheile unterschwellig das Bild des dem grenzüberschreitenden Verbrecher hilflos hinterherschauenden Polizeibeamten manifestiert. Andererseits ist die staatliche Souveränität am empfindlichsten betroffen, wenn Hoheitsträger auf fremdem Territorium amtlich tätig werden.

[45] Vgl. Willkommen, Krim. 1987, S. 467/469.

Bezüglich der Errichtung eines EG-einheitlichen Rechtsraumes sind folgende Forderungen aus polizeilicher Sicht als vorrangig zu nennen:

- Harmonisierung des Betäubungsmittelrechts:

Im Hinblick auf die Divergenzen etwa in der strafrechtlichen Behandlung des Konsums und des Kleinhandels sog. „weicher Drogen" zwischen der Bundesrepublik und den Niederlanden wird vielfach eine Angleichung des Betäubungsmittelrechts der „Schengener Staaten" bzw. der EG-Mitgliedsländer gefordert[46]. Allerdings wird dabei auch darauf hingewiesen, daß es in diesem Bereich weniger einer Angleichung des materiellen Rechts als der Strafverfolgungspraxis bedürfe. Schengen II versucht hier in Art. 70 - 76 eine Einigung auf dem kleinsten gemeinsamen Nenner herbeizuführen.

- Harmonisierung des Waffen- und Sprengstoffrechts:

Die bestehenden Diskrepanzen zwischen den nationalen waffenrechtlichen Vorschriften über den Erwerb, Besitz und den Gebrauch von Feuerwaffen und Munition, insbesondere zwischen der Bundesrepublik und Frankreich, haben zur Forderung nach Angleichung und Vereinheitlichung des Waffenrechts in den „Schengener Staaten" vor allem bezüglich einheitlicher Erlaubnis- und Meldepflichten sowie der Einführung von Bedürfnisprüfungen für bestimmte Waffen, geführt[47]. Schengen II gibt in Art. 77 - 91 Richtlinien vor, an die die nationalen Gesetze anzupassen sind.

- Harmonisierung des Ausländerrechts, insbesondere des Asyl- und Sichtvermerksrechts sowie Einführung einer einheitlichen Hotelmeldepflicht für Ausländer aus Nicht-EG-Staaten:

Wegen der innerhalb des EG-Bereichs unterschiedlichen rechtlichen und politischen Handhabung der Aufnahme von Asylanten aus Drittländern wird von polizeilicher Seite teilweise befürchtet, daß aufgrund der vergleichsweise großzügigen Asylpraxis nach der Grenzöffnung eine noch stärkere Konzentration der Asylbewerber im Bundesgebiet stattfindet. Aus diesem Grunde wird auf eine Vereinheitlichung des Asylrechts und der Asylpolitik gedrängt; zumindest aber die wechselseitige Anerkennung nationaler aufenthaltsbeendender Maßnahmen innerhalb der EG gefordert[48]. Neben der Zielsetzung, den Mißbrauch des Asylrechts z.B. durch sog. Wirtschaftsflüchtlinge aus Drittweltstaaten zu verhindern, steht dahinter wohl auch die Vorstellung, die Personengruppe der Asylanten und sonstiger Ausländer aus Nicht-EG-Staaten im Hinblick auf ihre Kriminalitätsbelastung zu kontrollieren und die Einreise unerwünschter Drittausländer zu unterbinden.

---

[46] Vgl. Ingenerf, Krim. 1989, S. 344.

[47] Rupprecht, Krim. 1989, S. 268.

[48] Vgl. Gröbl, DNP 1989, S. 87.

In diesen Zusammenhang dürften jedenfalls auch die Forderungen nach Vereinheitlichung des Visarechts und nach Einführung eines Hotelmelderechts für Drittausländer zu sehen sein[49]. Dem entsprechen die Regelungen der Art. 9ff. von Schengen II.

- Harmonsierung der Vorschriften des Bürgerlichen Rechts über den gutgläubigen Erwerb gestohlener Sachen:

Da in anderen EG-Ländern die Möglichkeit besteht, an gestohlenen Sachen gutgläubig Eigentum zu erwerben, wird befürchtet, daß dies zu einem Ansteigen der Eigentumsdelinquenz, insbesondere der sog. Tageswohnungseinbrüche in Grenznähe beitragen könnte, da neben dem verminderten Verfolgungsrisiko bei einer Flucht über die Grenze die Beute im Nachbarland leichter und lukrativer abzusetzen ist. Daher wird vielfach die Vereinheitlichung der entsprechenden zivilrechtlichen Bestimmungen gefordert[50].

Anders als die EG-Kommission, die offenbar nur die Vereinheitlichung und Verstärkung der Kontrolle der Außengrenzen als Bedingung für die Abschaffung der Binnengrenzkontrollen ansieht, betrachtet das polizeiliche Schrifttum die im „Schengener Abkommen“ aufgelisteten Forderungen, insbesondere diejenigen, die sich auf die Schaffung eines EG-einheitlichen Fahndungsraumes beziehen, durchweg als Mindestvoraussetzung und „unbedingtes Muß“ für die Grenzöffnung, vor deren Verwirklichung eine solche Öffnung nicht zu verantworten wäre[51].

Die letzte Gruppe der Forderungen nach einem EG-einheitlichen Rechtsraum, die vornehmlich die Angleichung und Harmonisierung von Vorschriften des formellen und materiellen Strafrechts beinhalten, werden von beiden Seiten als nicht sofort erreichbares Fernziel betrachtet, von der EG-Kommission allerdings eher als Integrations- und von polizeilicher Seite eher als Ausgleichsmaßnahme eingeschätzt.

Die Konterkarierung der Aufhebung der Grenzkontrollen durch Aufbau einer „zweiten Kontrollinie im Hinterland“ wird zwar einhellig als politisch unpopulär und nicht durchsetzbar abgelehnt, teilweise aber doch in abgewandelter Form vertreten, indem etwa der Einsatz gemeinsamer mobiler Streifen im Grenzbereich gefordert wird. Am weitesten geht hier *Rupprecht*, der die nationale Grenze als „sicherheitsstrategisch interessante Position“ mittels sog. „flankierender Ausgleichsmaßnahmen im nationalen Bereich“ wie z.B. des Verbleibens eines Teils des Grenzschutzeinzeldienstes an besonders wichtigen Grenzübergängen zur „Wahrnehmung von Verdachtsmomenten aufgrund

---

[49] Dies fordern z.B. Gröbl, a.a.O., S. 87; Boge, HPR 1989, S. 5; Rupprecht, Krim. 1989, S. 268.

[50] Rupprecht, Krim. 1989, S. 264; Gröbl, DNP 1989, S. 87.

[51] Ingenerf, Krim. 1989, S. 344; Boge, HPR 1989, S. 4.

eigener Beobachtung" etwa durch Kennzeichenabfrage nicht angehaltener Fahrzeuge und zur Durchführung von „anlaßbezogenen Grenzkontrollen in Fällen schwerer Störungen der öffentlichen Sicherheit und Ordnung" oder der Einrichtung von Kontrollstellen gem. § 111 StPO an den Grenzübergängen erhalten will[52].

Häufig wird von polizeilicher Seite betont, daß selbst bei optimaler Verwirklichung aller vorgeschlagenen Ausgleichsmaßnahmen die Effektivität der derzeitigen Grenzkontrollen nicht zu erreichen und „Sicherheitsverluste" daher im Interesse der europäischen Integration in Kauf genommen werden müßten[53].

Dieser, der Sichtweise der EG-Kommission grundsätzlich entgegengesetzten Position liegt eine andere Vorstellung über den nach der Grenzöffnung zu haltenden bzw. zu erreichenden Standard der inneren Sicherheit zugrunde, die aber in keinem der Beiträge explizit dargelegt wird. Insbesondere findet keine Definition des gerne und ausgiebig verwendeten Begriffs der „inneren Sicherheit" statt.

Lediglich aus dem Kontext läßt sich entnehmen, daß im polizeilichen Schrifttum dieser Terminus inhaltlich neben der Verbrechensbekämpfung im engeren Sinne auch auf ordnungsrechtliche Materien mit sicherheitspolitischem Bezug wie z. B. das Hotelmelderecht, die Asyl- und Visapolitik etc. und räumlich ausschließlich auf den nationalen Bereich bezogen wird, während die EG-Kommission dazu tendiert, diesen Begriff – soweit sie ihn überhaupt verwendet – inhaltlich nur auf die Bereiche des Terrorismus und des grenzüberschreitenden, organisierten Verbrechens[54], d. h. der Verbrechensbekämpfung i.e.S. und räumlich auf den gesamten EG-Binnenraum zu beziehen.

Dies erweckt den Eindruck, als werde jedes Zurückgehen hinter den nationalen Standard der Sicherheits- und Ordnungspolitik zugunsten EG-einheitlicher Standards von der bundesdeutschen Polizei als Verlust an Sicherheit empfunden.

Betrachtet man dieses Ausgangsverständnis des Begriffs der „inneren Sicherheit" und zieht den Umstand in Betracht, daß in der polizeilichen Literatur ein überzeugender Beweis für die dort vertretene überaus positive Einschätzung der Wertigkeit der bestehenden Grenzkontrollen für die Sicherheitslage letztlich nicht gegeben wird, scheint sich von dieser Seite in der Diskussion eher ein allgemeines Unbehagen an den mit der fortschreitenden europäischen Integration ohnehin und zwangsläufig verbundenen Problemen bei der polizeilichen Arbeit auszudrücken.

---

52 Krim. 1989, S. 269.

53 So Ingenerf Krim. 1989, S. 343; Boge, HPR 1989, S. 4.

54 Vgl. Bericht der Kommission S. 24.

II. Innere Sicherheit

Angelpunkt der oben dargestellten Diskussion ist die Befürchtung – häufig in Form einer Behauptung –, daß die innere Sicherheit durch die kleine (Schengener) wie die große (europäische) Grenzöffnung in der BR Deutschland nicht unerheblich beeinträchtigt wird. Auffällig ist dabei zweierlei. Zum einen scheint der Begriff der inneren Sicherheit emotional wie politisch aufs höchste besetzt zu sein. Zum anderen wird der Begriff mit einer Selbstverständlichkeit benutzt, die ein klares und gemeinsames Verständnis seines Inhalts suggeriert. Bei näherer Betrachtung der Diskussion entsteht jedoch eher der Eindruck, daß durchaus individuell unterschiedliche Ansichten über seine Bedeutung auch divergierende Folgerungen und Wertungen nach sich ziehen. Deshalb ist es erforderlich, den Begriff der inneren Sicherheit zunächst einmal näher zu betrachten. Dies erscheint um so wichtiger, als Grund zur Vermutung besteht, daß über den Terminus politische Ordnungsvorstellungen klassisch-nationalstaatlicher Prägung verdeckt eingebracht werden, daß mit anderen Worten die Angst vor nationalen Hoheitsverlusten im Polizeibereich die politisch wirksame Beschwörung der inneren Sicherheit hervorbringt.

Um nicht auch dem Vorwurf offenen oder unterschwelligen politischen Wertens ausgesetzt zu sein, muß der Versuch unternommen werden, den Begriff zumindest soweit zu beschreiben, wie es erforderlich ist, um seine wesentlichen Implikationen zu erkennen. Dies muß durchaus nicht zu einer vollständigen und eindeutigen Definition dessen, was innere Sicherheit ist und sein kann, führen. Es ist vollauf hinreichend aber auch notwendig, die *möglichen* Bedeutungen des Begriffs darzutun. Erst dies versetzt uns dann in die Lage, je nach persönlicher Wertung und politischer Position die für wesentlich erachteten Aspekte herauszugreifen. Wegen des klaren Bezugs auf diese Inhalte ist dann eine offene und sachliche Diskussion möglich: Fragen der europäischen Öffnung müssen nicht mehr verwechselt bzw. vermischt werden mit sicherheitspolitischen Konzepten der Nationalstaaten.

1. Die Verfassungsgeschichte des Begriffs der inneren Sicherheit

Die Sicherheit der Bürger vor Rechtsverletzungen gilt seit den aufgeklärten Verfassungen des späten 18. Jahrhunderts als grundlegendes Menschenrecht. Vorbereitet wurde dieses Verständnis durch die Staatsphilosophie von Thomas Hobbes, der bereits im 17. Jahrhundert in Anknüpfung an griechische und römische Gedanken[55] die Sicherheit der Bürger als staatsbildendes Ziel und staatstragendes Prinzip beschrieb. Der entscheidende Grund, sich der Autorität des Staates zu unterwerfen, war für Hobbes die Abschaffung eines individuellen Faustrechts zugunsten einer – wie wir heute sagen würden – geordneten Rechtspflege: „Securitas enim finis est, propter quem homines se subiciunt aliis; quae si non habeatur, nemo intellegitur se aliis subiecisse, aut ius se arbitreo suo defendendi amicisse (Denn Sicherheit ist der Zweck, weshalb die Menschen sich anderen unterwerfen; und wenn diese nicht erlangt werden kann, so gilt die Unterwerfung unter andere nicht als geschehen und das Recht der Selbstverteidigung kraft Urteils in eigener Sache nicht als verloren.)".[56]

Die in der heutigen verfassungsrechtlichen Diskussion zentralere Frage nach dem Schutz vor dem Staat stellte John Locke[57], der den Hobbes'schen Bürgerfrieden verspottete und den Bürger eher als potentielles Opfer des Leviathans Staat darstellte. Freilich hatte schon Hobbes diese Gefahr gesehen, ohne sie allerdings in den Mittelpunkt seiner Betrachtungen zu stellen: „Nam qui satis habet virium ad omnes protegendos, satis quoque habet ad omnes opprimendos (Denn wer genügend Macht hat, um alle zu schützen, hat auch genügend Macht, um alle zu unterdrücken.)".[58] Beide Philosophen prägten die Entwicklung des Menschenrechts auf Sicherheit entscheidend. Spätestens nach Hobbes und Locke wissen wir um den doppelten Aspekt der Sicherheit des Staatsbürgers.

Während die Sicherheit vor dem Staat bzw. seinen Machthabern alleiniger Gegenstand der frühen Verfassungstexte war, etwa in der Magna Carta Libertatum von 1215, der Habeas Corpus Akte von 1679 und der Bill of Rights von

---

[55] Vgl. etwa Cicero, De re publica. Cicero hatte allerdings den Gedanken des Staates als bloßer Schutzgemeinschaft längst weitergeführt, ohne allerdings dieses Grundprinzip zu verkennen: ‚Est igitur', inquit Africanus, ‚res publica res populi, populus autem non omnis hominum coetus quoquo modo congregatus, sed coetus multitudinis iuris consensu et utilitatis communione sociatus. („Es ist also", sagte Africanus, „das Gemeinwesen die Sache des Volkes, ein Volk aber nicht jede irgendwie zusammengescharte Ansammlung von Menschen, sondern die Ansammlung einer Menge, die in der Anerkennung des Rechtes und der Gemeinsamkeit des Nutzens vereinigt ist.") Er schließt aber unmittelbar an, daß der eigentliche, sprich ethisch höhere Grund für den Zusammenschluß der Menschen die natürliche Geselligkeit sei: Eius autem prima causa coeundi est non tam inbecillitas quam naturalis quaedam hominum quasi congregatio (Ihr erster Beweggrund aber zusammenzukommen, ist nicht so sehr die Schwäche als eine sozusagen natürliche Geselligkeit der Menschen.) (liber primus, Rede des Scipio). Desweiteren überhöht Cicero die Schutzfunktion des Staates zu einer Idee des Staats überhaupt, dessen Justizia die virtus des (der) Herrschenden bedingt, die ihrerseits als Ausdruck des Staatsethos für gerechten Schutz der Bürger wirkt, vgl. insbesondere liber tertius et quartus.

[56] De cive, 1647, caput VI, 3.

[57] John Locke, Two treaties of government, 1690.

[58] Hobbes, a.a.O., annotatio.

1689, findet daneben in den aufgeklärten Verfassungen des 18. Jahrhunderts der Schutz vor Angriffen durch Mitbürger als zweiter Aspekt der Sicherheit Berücksichtigung.[59]

Die Grundrechte von Virginia (vom 12. 06. 1776) konstatieren in Artikel 1 das Recht des Menschen, „Glück und Sicherheit zu erstreben und zu erlangen". In Artikel 3 wird dieser Gesichtspunkt nochmals verstärkt aufgenommen „... von all den verschiedenen Arten und Formen der Regierungen ist die die beste, die fähig ist, den höchsten Grad von Glück und Sicherheit zu erzielen ...". Pennsylvania's Verfassung vom 02. 09. 1790 nennt als Staatsziele Frieden, Sicherheit und Glück. Die Verfassungen von Massachusetts (1780), New Hampshire (1792) und Vermont (1793) statuieren das Recht eines jeden Bürgers, vom Staat vor Angriffen auf ihre Rechte geschützt zu werden.

Die Verfassung der Französischen Republik vom 24. 06. 1793 erklärt in Artikel 2 die Sicherheit zum unabdingbaren Menschenrecht neben Gleichheit, Freiheit und Eigentum. In Artikel 8 wird dies in klarer Fortführung Hobbes'schen Gedankenguts näher dargelegt: „Die Sicherheit beruht auf dem von der Gesellschaft jedem ihrer Mitglieder zugesprochenen Schutz für die Erhaltung seiner Person, seiner Rechte und seines Eigentums".

Alle der erwähnten Texte enthalten neben der Sicherheitsgarantie zugleich Einschränkungen staatlicher Machtfülle zugunsten von Individualrechten. Insofern bleibt deutlich, daß das Sicherheitsversprechen nicht mit der Abwehr staatlicher Machtausübung identisch ist, sondern im Sinne von Hobbes auf einen aktiven Schutz des Staates gegenüber seinen Bürgern zielt.

Das Preußische Allgemeine Landrecht von 1794 beschreibt in seinen beiden ersten Paragraphen die Verpflichtung des Staates, für die Sicherheit seiner Bürger zu sorgen, in großer Klarheit. § 1: „Der Staat ist für die Sicherheit seiner Unterthanen, in Ansehung ihrer Person, ihrer Ehre, ihrer Rechte und ihres Vermögens zu sorgen, verpflichtet". § 2: „Dem Staate kommt es also zu, zur Handhabung der Gerechtigkeit zur Vorsorge für diejenigen, welche sich selbst nicht vorstehen können und zur Verhütung sowohl als Bestrafung der Verbrechen die nöthigen Anstalten zu treffen".[60]

Die historischen Ereignisse im 19. und in der ersten Hälfte des 20. Jahrhunderts haben offenbar das Interesse näher auf das Problem des Schutzes vor dem Staat gelenkt. Zumindest findet sich die Pflicht des Staates, dem Bürger Schutz zu gewähren, nicht mehr in prominenten Gesetzestexten. Weder die

---

[59] Der liberale Staats- und Wirtschaftstheoretiker Adam Smith bezeichnete es dann auch als eine von drei Aufgaben des Staates, Schutz des Bürgers vor rechtswidrigen Übergriffen anderer Mitbürger zu gewähren; An inquiry into the nature and causes of the wealth of nations, 1676, book IV, chapter IX.

[60] §§ 1, 2 II, 17 ALR.

Paulskirchenverfassung von 1849 noch die Preußische Verfassungsurkunde vom 31.01. 1850 oder folgende Verfassungen halten diesen Gedanken für erwähnenswürdig.

Selbst das Grundgesetz der Bundesrepublik Deutschland ist diesbezüglich zurückhaltend in der Formulierung. Es werden lediglich Leben, Gesundheit, Eigentum, freie Persönlichkeitsentfaltung garantiert, die Rechte also, die zugleich Schutzgüter des Kernstrafrechts sind. Die Rechtsprechung des Bundesverfassungsgerichts ist allerdings dabei, Wege zu weisen, die letztendlich auf die Anerkennung eines Grundrechts auf Sicherheit hinauslaufen. Ausgehend von der Abtreibungsentscheidung (BVerfGE 39,1) aus dem Jahre 1975 hat das Bundesverfassungsgericht in ständiger Rechtsprechung die verfassungsrechtliche Pflicht des Staates betont, daß das Grundrecht auf Leben und Gesundheit, Artikel 2 II GG, nicht nur passiv durch Unterlassen von Eingriffen, sondern auch aktiv zu schützen ist, was von Verwaltung und Gesetzgeber zu beachten sei.[61] Isensee schließt daraus auf die Existenz eines Grundrechts auf Sicherheit.[62] Er erkennt den Grundrechten einen status positivus zu.[63] Dies bedeutet, daß die Grundrechte generell den Staat nicht nur daran hindern, in diese Rechtsgüter der Bürger einzugreifen. Der Staat ist ebenso gehalten, aktive Vorkehrungen zu treffen, die eine solche Rechtsverletzung verhindern bzw. sie nach Begehung sanktionieren. (Die Wahl zwischen verschiedenen Mitteln zur Erreichung dieses Zieles bleibt dem Staat dabei jedoch freigestellt.[64])

Die durch diese Ansicht gestellte Falle sieht Isensee durchaus: Maßnahmen zum Schutz von Grundrechten unter Berufung auf den status positivus können und dürfen nicht ohne weiteres neue Eingriffsbefugnisse legitimieren.[65] Dies liefe auf eine Pervertierung der Grundrechte hinaus. Auf den Schutz des Bürgers vor Kriminalität bezogen, hieße dies: Maßnahmen zum Schutz vor Kriminalität wie erweiterte polizeiliche Verfolgungs- und Eingriffsrechte (strafprozessuale Zwangsmaßnahmen) können unter Umständen Kriminalität reduzieren bzw. wirksamer bekämpfen; der einzelne Bürger als potentielles Opfer solcher Zwangsmaßnahmen kann jedoch dadurch von der Polizei stärker bedroht sein als vom Verbrechen selbst; der Sicherheitsaspekt „Schutz vor Dritten" wird erweitert zu Lasten des Sicherheitsaspekts „Schutz vor dem Staat".

---

61 BVerfGE 46, 160 (164f.) Fall Schleyer; 49, 24 (56) Kontaktsperre; 49, 89 (140 - 144) Kalkar; 53, 30 (58) Mülheim-Kärlich; 56, 54 (73 - 80) Fluglärm.

62 J. Isensee, Das Grundrecht auf Sicherheit. Zu den Schutzpflichten des freiheitlichen Rechtsstaats 1983.

63 a.a.O., S. 27ff.

64 BVerfGE 46, 160 (164); vgl. auch Buschlinger DÖV 1965, 376; Hencke, DVB 1964, 654 zum Recht des Bürgers auf Polizeischutz, der allerdings nur im Rahmen polizeilichen Ermessens gewährt zu werden braucht.

65 Isensee, a.a.O., S. 33f.

Isensee versucht, einen Weg zwischen den konfligierenden Positionen zu finden, indem er zunächst betont, daß die Verpflichtung des Staates, für des Bürgers Sicherheit zu sorgen, nie auf totale Sicherheit angelegt sein kann[66] und entwickelt eine Art Merkmalskatalog konkreter Verhältnismäßigkeitserwägungen[67], der eine gleichgewichtige Berücksichtigung beider Sicherheitsaspekte ermöglichen soll. Eindrucksvoll ist in diesem Zusammenhang Isensees abschließende Formulierung: „Der Rechtsstaat schuldet auch dem schutzbedürftigen Bürger grundrechtliche Distanz“[68]. Das Problem zusammen mit seiner die Lösung vorbereitenden grundsätzlichen Wertung wird hierdurch trefflich markiert. Dennoch bleibt gleichsam notgedrungen vieles im Detail zu vage, um den schmalen Weg zwischen der Skylla der Sicherheitsverweigerung und der Charybdis der Mißachtung von bürgerlichen Abwehrpositionen hinreichend sicher vorzugeben.

2. Die innere Sicherheit in Menschenrechtserklärungen

Auf der Ebene internationaler Menschenrechtserklärungen und Abkommen nach dem 2. Weltkrieg verlief die Entwicklung etwas anders, wenn auch Ähnlichkeiten im Ergebnis deutlich werden. Zunächst einmal anders als im Grundgesetz wird in allen Texten im Anschluß an die aufgeklärten Verfassungen der Staaten des späten achtzehnten Jahrhunderts das Bürgerrecht auf Sicherheit in der einen oder anderen Form explizit erwähnt. Die allgemeine Erklärung der Menschenrechte (MRE) der UNO vom 10. 12. 1948 formuliert in Artikel 3: „Jeder Mensch hat das Recht auf Leben, Freiheit und Sicherheit der Person“. (Die Verwandtschaft zu Artikel 2 der Französischen Verfassung von 1793 ist unübersehbar.) Konkretisiert wird die Art des diesen Rechten zu gewährenden Schutzes in Artikel 8: „Jeder Mensch hat Anspruch auf wirksamen Rechtsschutz vor den zuständigen innerstaatlichen Gerichten gegen alle Handlungen, die seine ihm nach der Verfassung oder nach dem Gesetz zustehenden Grundrechte verletzen“. Die MRE unterscheidet dabei nicht explizit zwischen Eingriffen von Mitbürgern und denen des Staates. Lediglich aus den einzelnen Schutzgütern und geschichtlichen Erfahrung über ihre typische Verletzung folgt, ob sie sich eher gegen den Staat oder den Mitbürger richten. So auch in dem von der Bundesregierung 1973 ratifizierten „Internationalen Pakt über bürgerliche und politische Rechte“ vom 19. 12. 1966. Dieser Pakt, der eine erweiterte und differenzierte Fassung der MRE ist, knüpft in Artikel 9 an Artikel 3 der MRE an und garantiert jedermann „ein Recht auf persönliche Freiheit und Sicherheit“. Die formale Rechtsschutzgarantie wird abweichend von der MRE nicht allgemein, sondern in bezug auf rechtswidrige Eingriffe in

---

[66] a.a.O., S. 41.
[67] a.a.O., S. 37ff.
[68] a.a.O., S. 48.

Privatleben, Familie, Wohnung, Schriftverkehr bzw. Beeinträchtigungen von Ehre oder Ruf gegeben, Artikel 17. Das und die Formulierung der übrigen bürgerlichen Rechte weist bereits mit erkennbarem Schwerpunkt auf den Schutz des Bürgers vor dem Staat hin.[69] Den hier gleichwohl noch erkennbaren anderen Sicherheitsaspekt des Schutzes des Bürgers vor seinen Mitbürgern läßt dann die EMRK vom 04. 10. 1950, (ratifiziert am 05. 12. 1952) praktisch vollständig fallen. Zwar erwähnt Artikel 5 I EMRK noch eines jeden Menschen Recht auf Freiheit und Sicherheit. Jedoch wird die eigenständige Bedeutung des Tatbestandsmerkmals Sicherheit durchweg verneint. Sicherheit sei lediglich der Zustand des Bürgers, der vor staatlichen Eingriffen in seine Freiheit geschützt sei[70]. Im Sinne der französischen Rechtstradition könne der im französischen Originaltext verwandte Begriff sureté nur als „garantie de la sureté juridique de l'individu face au pouvoir" verstanden werden.[71]

Die Spruchpraxis der Europäischen Kommission für Menschenrechte und des Europäischen Gerichtshofes für Menschenrechte bestätigt diese Ansicht grundsätzlich. Lediglich im Fall Kamma gegen die Niederlande wird eine eigenständige Bedeutung des Begriffs Sicherheit in Artikel 5 I EMRK durch eine beiläufige Formulierung nicht ausgeschlossen. Trechsel hält dies für ein bloßes sprachliches Versehen[72]. Dagegen hat 1985 der Gerichtshof in der Entscheidung x und y gegen Niederlande[73] – allerdings in Verbindung mit Artikel 8 EMRK (Achtung der privaten Sphäre) – eine Verpflichtung des Gesetzgebers bejaht, zur Abwehr von besonders schweren Gefahren für die Privatsphäre aktiv zu werden und auch entsprechende Strafgesetze zu erlassen.

Dies könnte den Beginn einer Entwicklung darstellen, die ähnlich wie die verfassungsrechtliche Diskussion in der Bundesrepublik zum status positivus von Grundrechten die Menschenrechte der EMRK grundsätzlich auch der aktiven Schutzpflicht des Staates unterstellt. Interessant ist dabei, daß nicht Artikel 5 I EMRK und der dort verwandte Begriff der Sicherheit Anknüpfungspunkt ist, sondern ein konkretes Menschenrecht diese Überlegung aus-

---

[69] Buergenthal in L. Henken (ed.) The international bill of rights, New York 1981, S. 72 (77); Dienstein in Henken a.a.O., S. 114 (115). Dienstein S. 128ff. weist aber bereits darauf hin, daß diese Pflicht nicht so sehr dem Begriff der Sicherheit aus Art. 9 entnommen werden könne, sondern eher notwendiger Bestandteil der allgemeinen Menschenrechte sei; vgl. hierzu sogleich die folgende Darstellung im Text.

[70] Trechsel, EuGRZ 1980 514 (518); vgl. auch Trechsel, Die EMRK, ihr Schutz der persönlichen Freiheit und die schweizerischen Strafprozeßrechte, 1974, S. 176f. über die Entstehungsgeschichte des Begriffs der Sicherheit in der EMRK m.w.N.; Peukert in Frowein / Peukert, EMRK-Kommentar 1985, Rn. 4. Unentschieden Jacobs, The European Convention on Human Rights, 1975, S. 45: „The meaning of security in this context is uncertain".

[71] Peukert a.a.O.

[72] Trechsel, EuGRZ 1980, 518, Fn. 37.

[73] EuGRZ, 1985, 297.

gelöst hat. Insofern ist die Parallele zur deutschen Grundrechtsdiskussion auffällig, wo ebenfalls die extensive Auslegung von Grundrechten zur Annahme einer diesbezüglichen aktiven Schutzpflicht des Staate führte – allerdings mit dem Unterschied, daß der in der EMRK noch vorhandene Begriff der Sicherheit im Grundgesetz nicht als möglicher Ausgangspunkt zur Verfügung stand.

3. Zwischenergebnis

Als Ergebnis der rechts- und staatsgeschichtlichen Betrachtungen können wir eine eigentümliche Entwicklung konstatieren, die der Begriff der Sicherheit, verstanden als Gewährleistungsrecht des Staates zur Verhinderung von Rechtsverletzungen der Bürger untereinander, genommen hat. Lange Zeit nach den römischen Staatsdenkern[74] hat Hobbes im siebzehnten Jahrhundert die Funktion des Staats als Beschützer vor Kriminalität wieder ins Bewußtsein gebracht und theoretisch gefestigt. Trotz der wenig später von Locke betonten Gefahr durch den Staat fand das Hobbes'sche Gedankengut Eingang in die aufgeklärten Verfassungen des späten achtzehnten Jahrhunderts, die in unterschiedlichen Formulierungen ein Recht auf Sicherheit (scil: vor Kriminalität durch andere Bürger) festschrieben. Im neunzehnten und beginnenden zwanzigsten Jahrhundert ging diese Idee verloren und wurde durch das Bemühen, den Bürger vor den Staat zu schützen, völlig verdrängt. Die Menschenrechtserklärungen nach dem 2. Weltkrieg nehmen den Terminus zwar wieder auf, eine materielle Bedeutung wird ihm jedoch nicht zuerkannt. Erst in den späten 70er Jahren beginnt eine nicht am Begriff der Sicherheit, sondern am einzelnen Menschenrecht bzw. Grundrecht festgemachte dogmatische Argumentation, die die Pflicht des Staates festschreibt, diese Rechte wenn nötig auch durch Strafgesetze aktiv zu schützen. Gegenstand dieser Interpretation sind erst die Grundrechte des Grundgesetze und mit zeitlicher Verschiebung dann auch die Menschenrechte der EMRK.

Damit wird nun keineswegs das ganze Gebiet des Strafrechtsschutzes zur staatlichen Aufgabe kraft Verfassungs- bzw. Menschenrechts. Immerhin aber ist dies der Fall bezüglich des Kernbereichs[75] der Rechtsgüter, die durch Verfassung und Men schenrechte geschützt werden. *Insoweit* ist der Schutz vor Kriminalität ein durch Verfassung und EMRK vorgegebener Aufgabenbereich des Staates, auf dessen pflichtgemäße Erfüllung der Bürger Anspruch hat.[76]

---

[74] Vgl. oben Fn. 55.

[75] Zum Begriff vgl. Roxin, 1969, S. 622ff. und grundlegend Amelung, 1972.

[76] Zur Vermeidung von Mißverständnissen soll nochmals darauf hingewiesen werden, daß ein solcher Anspruch „gesetzesmediatisiert" ist (Isensee, a.a.O., S. 44) und dem Staat Ermessen bei der Wahl der Mittel zusteht (BVerfGE 46, 160 (164 f.)).

In dieser Feststellung sind die kriminalpolitischen Probleme beim Umgang mit dem Begriff der inneren Sicherheit jedoch keineswegs hinreichend geklärt. In welchem Ausmaß und auf welche Art der Staat dieser verfassungsrechtlichen Pflicht nachzukommen hat, erhellt nicht gleichsam automatisch. Wir wissen nur, daß ein totaler Rechtsschutz weder gefordert noch erstrebenswert ist:

- Die Freiheit vor Eingriffen des Staates und damit die Kehrseite des Sicherheitsgedankens würde eingeschränkt oder aufgehoben
- historische Erfahrungen zeigen, daß es keine bekannte Gesellschaftsform ohne Kriminalität[77] gegeben hat, woraus abgeleitet werden kann, daß das totale Ausmerzen von Kriminalität nicht realisierbar ist
- Überlegungen zur normfestigenden Wirkung des Rechtsbruchs und seiner Verfolgung[78] lassen ein gewisses Maß an Kriminalität erforderlich erscheinen.

Die Konsequenzen hieraus und damit der materielle Inhalt dessen, was innere Sicherheit bedeutet, sind somit bestenfalls der Tendenz nach erkennbar, im Detail jedoch herrscht noch Dunkelheit. Welche/wieviel Delikte braucht unsere Gesellschaft, welche/wieviel kann sie dulden, wieviel unaufgeklärte Delikte welcher Art sind noch erträglich, welche polizeilichen Eingriffsbefugnisse zur Verbrechensbekämpfung und Verbrechensverhütung sind im Hinblick auf die garantierte Freiheit vor dem Staat zulässig?

Es mag sein, daß Bundesverfassungsgericht und Europäischer Gerichtshof für Menschenrechte im Laufe der Zeit einige Aspekte dieser mannigfaltigen Fragen einer Lösung zuführen. Zur Zeit fehlen diese Lösungen auf der Ebene von Verfassungsrechte und Menschenrechte jedoch gänzlich.

4. Innere Sicherheit und Polizeigesetze

Die Polizeigesetze könnten Aufschluß über die Ausgestaltung von innerer Sicherheit geben. In Anknüpfung an § 10 Teil II Titel 17 des ALR von 1794 formuliert § 14 des Preußischen Polizeiverwaltungsgesetzes vom 1. 6. 1931: „Die Polizeibehörden haben im Rahmen der geltenden Gesetze die nach pflichtgemäßem Ermessen notwendigen Maßnahmen zu treffen, um von der Allgemeinheit oder dem einzelnen Gefahren abzuwehren, durch die die öffentliche Sicherheit oder Ordnung bedroht wird. Daneben haben die Polizeibehörden diejenigen Aufgaben zu erfüllen, die ihnen durch Gesetz besonders übertragen sind.“ Der Musterentwurf eines einheitlichen Polizeigesetzes des

---

[77] Kriminalität hier natürlich im weiteren Sinne verstanden als verbotenes Handeln mit Sanktionsdrohung; vgl. auch Lüderssen, Kriminologie 1984 Rn 105.

[78] E. Durkheim, Regeln der soziologischen Methode, deutsch 1970, S. 157.

Bundes und der Länder vom 25. 11. 1977 bestätigt § 14 PVG in einer etwas knapperen Formulierung.

Gefahrenabwehr und Sicherheitsauftrag beziehen sich nach h.M. zentral wenn auch nicht ausschließlich auf Straftatbestände, die Rechtsgüter des einzelnen schützen oder aber den Staat oder seine Einrichtungen vor existenzbedrohenden Angriffen bewahren[79]. Dies bestätigt das Programm für die innere Sicherheit in der Bundesrepublik, verabschiedet von der ständigen Konferenz der Innenminister des Bundes und der Länder vom Februar 1974[80]. Es werden allerdings in weitem Maße Gesichtspunkte der öffentlichen Ordnung miteinbezogen. Die innere Sicherheit wird durch die Darstellung der staatlichen Einsatzbereiche mittelbar umschrieben:

- Verbrechensvorbeugung durch sozialpolitische Maßnahmen zum Abbau sogenannter sozialer Probleme,
- Verbrechensvorbeugung durch Jugendhilfemaßnahmen zur Ermöglichung anregender eigener Lebens- und besonders Freizeitgestaltung der nachwachsenden Generationen
- Verbrechensvorbeugung durch Maßnahmen der Umweltgestaltung zur Ermöglichung der Identifizierung der Menschen mit ihrem unmittelbaren Lebensbereich
- Verbrechensvorbeugung durch kriminalstrategische und kriminaltaktische Maßnahmen zur Herstellung von Vertrauen in die Polizei seitens potentieller Opfer und von Risikofurcht seitens potentieller Täter im Hinblick auf das Entdecktwerden
- Strafverfolgung und Verfolgung von Ordnungswidrigkeiten durch differenzierte Maßnahmen gegen politische Gewalttätigkeit, politisch motivierte Gewalttätigkeit, gesundheitsgefährdende Umweltverseuchung, gesundheitsgefährdende Rauschmittel, Drogenhandel, allgemeine Gewaltkriminalität im öffentlichen Raum, alkoholbedingte Verkehrskriminalität, organisierte und professionelle Kriminalität im traditionellen und Wirtschaftsbereich sowie die große Menge der verbleibenden, die persönliche Integrität weniger direkt berührenden kriminellen und ordnungswidrigen Beeinträchtigungen von Rechtsgütern
- Abwehr von Störungen und erheblichen Belästigungen anderer Art, d.h. von ohne notwendig subjektiv zurechenbarem Normverstoß vorkommenden Ereignissen, die durch Industrie, Handel und Gewerbe, Ausweitung

---

[79] Boeden in BKA-Sonderband, Der polizeiliche Erfolg, 1988, S. 67 gibt eine entsprechende Definition: „Die innere Sicherheit hat dienende Funktion und soll die in der Verfassung garantierten Rechte des Bürgers – das Recht auf Leben, körperliche Unversehrtheit, auf Eigentum, auf die Entfaltung der Persönlichkeit usw. – sowie die Funktionsfähigkeit des Staates und seiner Einrichtungen gewährleisten“.

[80] Die Polizei 66 (1965 Heft 1 Beilage).

des Luft-, Wasser und Straßenverkehrs, Einengung des Erholung dienenden öffentlichen Raumes, ständigen Verstoß gegen Ruhebedürfnisse entstehen.

- Ablaufsicherung von und Friedenssicherung bei Massenveranstaltungen
- Katastrophenschutz bei technischen und Naturkastastrophen
- schließlich der Schutz der demokratischen Ordnung, die den Ausgleich zwischen Sicherheit und Freiheit bisher vergleichsweise am besten von allen Staats- und Gesellschaftsformen gewährleistet.

Freilich verbleiben die wesentlichen Fragen nach den konkreten Begriffsinhalten von innerer Sicherheit dadurch unbeantwortet. Es wird lediglich ein kriminalätiologisches Bekenntnis abgegeben zusammen mit dem Versprechen, diese als kriminogen verstandenen Umstände zu bekämpfen. Desweiteren wird ein kleiner Teil rechtspolitisch als besonders wichtig angesehener Delikte aufgezählt und ein Katalog nichtdeliktischer friedensstörender Verhaltensweisen und Ereignisse erstellt. Insgesamt handelt es sich also um eine (unvollständige) Beschreibung friedensstörender und damit die innere Sicherheit tangierender Umstände und Situationen. Weiterhin bleibt unklar, welche/wieviele Delikte (aufgeklärt/unaufgeklärt) wir brauchen bzw. ertragen können und welche Verfolgungsmaßnahmen im Hinblick auf Menschen- und Grundrechte noch zulässig sind. Gerade darin liegt aber die zentrale rechtliche, axiologische, innenpolitische und emotionale Bedeutung des Begriffs der inneren Sicherheit.

Nach alledem sind diese Fragen augenblicklich unter verfassungsrechtlichen, menschenrechtlichen und polizeirechtlichen Gesichtspunkten ungeklärt und damit Gegenstand weitgehend freier *Wertungen*. Mögen diese im juristischen oder politischen Gewande auftreten, immer bleiben sie subjektiv und können sich auf keine andere Autorität als ihre eigene Überzeugungskraft berufen. Insofern macht der Gebrauch des Begriffs innere Sicherheit begründungspflichtig, wenn mit ihm sicherheitspolitische Forderungen verbunden werden; ohne eine solche wertausfüllende Begründung ist innere Sicherheit kriminalpolitisch inhaltsleer und verweist lediglich auf das abstrakte Verfassungsprinzip des status positivus bei Grundrechten.

5. Innere Sicherheit im Lichte sozialwissenschaftlicher, insbesondere kriminologischer Erkenntnisse

Die steile Karriere des Terminus innere Sicherheit sowohl in der politischen wie der strafrechtlichen und kriminologischen Diskussion hat freilich mehr mit dem Appellcharakter[81] des Begriffs und seiner Wertleere[82] als mit seinem ver-

---

[81] Kerner, Kriminalitätseinschätzung und innere Sicherheit, BKA-Forschungsreihe Bd. 11, 1980 S. 32.

fassungsgeschichtlichen bzw. verfassungsrechtlichen Hintergrund zu tun. Wie Arzt[83] berichtet, hat das Thema der inneren Sicherheit seit dem Wahlkampf Goldwater gegen Johnson im Jahre 1964 in den USA ständige Hochkonjunktur und ist zu einem zentralen politischen Thema geworden. So sagte Präsident Johnson 1965 in einer Botschaft an den Kongreß: „Kein Recht ist für unsere Gesellschaft elementarer, als das Recht auf persönlichen Schutz und kein Recht bedarf dringenderen Schutzes[84]". Präsident Nixon sagte 1968 und ebenso 1972 in öffentlichen Reden: „... mögen sie (scil: die Richter) auch erkennen, daß das erste Grundrecht jedes Amerikaners die Freiheit vor innerer Gewalt ist".[85]

In der Bundesrepublik Deutschland hat nicht erst die Diskussion um den Wegfall innereuropäischer Grenzen der inneren Sicherheit Popularität verschafft. Die durch Terroristen in den 70er Jahren angegriffene innere Sicherheit der Bundesrepublik hat eine neue Sensibilität geschaffen, die auch nach einem weitgehenden Sieg gegenüber dem deutschen Terrorismus sich auf anderen Gebieten, insbesondere dem der Drogenkriminalität ausbreitet. Als Waffe in der allgemeinen politischen Diskussion ist die innere Sicherheit bei uns beinahe ebenso scharf geworden wie in den USA. Der Soziologe H. Braun spricht hier von einer Manipulation der Wortsymbole[86], also von einem Heraufbeschwören von Befürchtungen ohne realen Hintergrund.

Das jüngst verabschiedete sogenannte Artikelgesetz[87], das unter anderem auch eine begrenzte Kronzeugenregelung eingeführt hat, soll innere Sicherheit verbessern und die Funktionstüchtigkeit der Strafrechtspflege verbessern. Kritiker sehen hierin – neben rein rechtlichen Bedenken bezüglich einzelner Regelungen – eine Überhöhung des Sicherheitsideals, die den Rechtsstaat zum Sicherheitsstaat zu machen droht[88], also zu einem Staat, in welchem die Bemühungen um Kriminalitätsbekämpfung auf Kosten der Freiheitsrechte des Bürgers vor dem Staat gehen, wodurch dieser sich auf eine die eigene Macht erhaltende Institution reduzieren könnte.

Hier stoßen erkennbar unterschiedliche Wertungen aufeinander; der gemeinsame Gebrauch des Begriffs der Sicherheit verdeckt die jeweils damit transportierten unterschiedlichen Wertvorstellungen. Da wir hier zunächst

---

82 Kerner, a.a.O., S. 34 spricht freundlich von der Vieldeutigkeit des Begriffs, meint aber auch die Wertausfüllungsbedürftigkeit.

83 Arzt, Juristische Blätter 100 (1978), S. 173 - 183.

84 Zitiert nach Arzt a.a.O. S. 173.

85 Zitiert nach Arzt a.a.O. S. 174.

86 H. Braun, Soziales Handeln und soziale Sicherheit. Alltagstechniken und gesellschaftliche Strategien, 1978, S. 50.

87 Gesetz zur Änderung des StGB, der StPO und des Versammlungsgesetzes und zur Einführung einer Kronzeugenregelung bei terroristischen Straftaten vom 9.6.1989.

88 Hassemer, StV 1982, 275; Krauss, StV 1989, 315; Scheerer, StV 1989, 81; Beste, KJ 1989, 243.

nur dem Begriff der inneren Sicherheit nachgehen, können und dürfen wir zu den individuellen Werten keine Stellung beziehen, sondern müssen uns darauf beschränken, diese kenntlich zu machen.

Als Legitimation für die Wahl bestimmter Werte aus dem Spektrum der Möglichkeiten könnten sozialwissenschaftliche, hier also insbesondere kriminologische Erkenntnisse dienen. Die Kriminologie hat sich in den letzten 15 Jahren verstärkt mit den Problemen von Sicherheit vor Kriminalität beschäftigt[89].

Ausgangspunkt für diese Überlegungen waren und sind einmal die aktuelle und reale Bedrohung der Bevölkerung durch Kriminalität und zum anderen die – unter Umständen unabhängig hiervon bestehende – Kriminalitätsfurcht der Bürger. Beide Gesichtspunkte gemeinsam ergeben erst ein vollständiges Bild über die Sicherheitslage in unserem Staat, denn es reicht nicht aus, eine tatsächliche (relative) Sicherheit vor Kriminalität zu bewirken, wenn die Bürger diese Situation nicht auch rational und emotional rezipieren. Der ohne Grund eine Viktimisierung fürchtende Bürger ist mit anderen Worten mit der Sicherheitslage ebenso unzufrieden wie er es wäre, wenn seine Ansicht zu Recht bestünde. Die falsche Vorstellung über die Realität prägt die Realität ebenso wie die richtige, weil sich das Verhalten nach der Vorstellung richtet[90]. Hieraus folgt, daß innere Sicherheit als sozialwissenschaftliches Phänomen die tatsächliche Kriminalitätsbedrohung[91] ebenso wie das Sicherheitsgefühl der Bürger bzw. die Kehrseite davon, deren Kriminalitätsfurcht, umfaßt.

Dies gilt umsomehr, als die Vorstellung der Bürger über Kriminalität und Polizei die Verbrechensbekämpfung unmittelbar betreffen. Bekanntlich erlangt die Polizei ca. 95 % ihrer Informationen über die Begehung von Straftaten von Bürgern. Führt die unberechtigte Kriminalitätsfurcht so weit, daß das Vertrauen in die Polizei und ihre Fähigkeit zur wirksamen Verbrechensbekämpfung erschüttert ist, hat dies eine tatsächliche Minderung der Effizienz polizeilicher Arbeit bishin zu der fälschlich vorgestellten Inkompetenz zur Folge: Die für die polizeiliche Arbeit erforderliche Mitwirkung der Bevölkerung bliebe aus und mit ihr der polizeiliche Erfolg bei der Wahrnehmung wie bei der Bekämpfung von Kriminalität.

---

[89] s. dazu: Kury, 1982; Schwind u.a. 1980 und Kaiser, 1988, S. 247ff. m.w.N.

[90] Sogenanntes Thomas-Theorem: If men define situations as real they are real in their consequences". Zitiert nach F. Sack in König (Hrsg.), Handbuch der empirischen Sozialforschung, 2. Aufl. Bd. 12 1978 S. 339.

[91] Wie gleich dargestellt wird, bestehen große Schwierigkeiten auch nur ansatzweise, ein objektives Bild von dieser Realität zu geben.

a) Die objektive Sicherheitslage

Der Mensch kann nicht wahrnehmen, ohne zu werten. Der Sinnesapparat ist mannigfaltigen, intersubjektiv verschieden sich auswirkenden Beeinflussungen ausgesetzt[92], die Wahrnehmung selbst wird durch Vorerfahrung geprägt und durch Begriffswahl der sprachlichen Erfassung in Wertsysteme eingeordnet[93]. Deshalb ist uns grundsätzlich eine objektive Realität nicht zugänglich. Gleichwohl gibt es einen gewissen Konsens über Zustände und Vorgänge der Außenwelt. Je ähnlicher soziale Erfahrungen von Individuen sind, desto eher sind sie in der Lage – vergleichbar gut funktionierende Sinnesapparate vorausgesetzt –, die Außenwelt übereinstimmend wahrzunehmen. Hieraus folgt, daß die Wahrnehmung von innerer Sicherheit in unterschiedlichen Sprach- und Kulturkreisen durchaus verschieden sein kann; eine Divergenz, der mit bloßer Übersetzung nicht bei zu kommen ist. Die Sicherheitslage als reales Phänomen ist deshalb bereits auf der Wahrnehmungsebene ein nationalstaatliches Phänomen, über das zwischenstaatlich nicht leicht Konsens erzielt werden kann[94].

Diese Erkenntnis wirft Licht auf grundsätzliche Probleme, kann uns aber nicht daran hindern, die Beschreibung von Realität im Wissen um die Unvollkommenheit schon im Ansatz doch zu optimieren.

In den Sozialwissenschaften sind Methoden entwickelt worden, die versuchen, solche und andere Fehlerquellen bei der Wiedergabe von Realität möglichst zu vermeiden. Bei der Beschreibung der Sicherheitslage benötigen wir eine möglichst breite Informationsbasis über begangene Kriminalität. Allein die PKS bietet unter den vorhandenen Quellen am ehesten Gewähr für hinreichende Breite. Aber auch die PKS leidet unter verschiedenen Mängeln, die zur Vorsicht im Umgang mit ihr mahnen. Es wird lediglich ein Teil der tatsächlich begangenen Kriminalität, das sogenannte Hellfeld, dargestellt. Über die Höhe des Dunkelfeldes und damit das Ausmaß der gesamten Kriminalität haben wir aus den sogenannten Dunkelfeldstudien nur Informationen mit indiziellem Wert[95]. Es ist wahrscheinlich, daß die einzelnen Studien für die Bundesrepublik verallgemeinerungsfähig sind. Eine regelmäßige bundesweite Dunkelfelduntersuchung, wie es sie in den USA gibt (national crime panel), kennen wir in unserem Lande jedoch nicht.

Des weiteren bleibt unbekannt, nach welchen Selektionskriterien Kriminalität ins Hellfeld gelangt. Die bloße Feststellung, polizeiliche Kriminalstatisti-

---

[92] Näher dazu Kühne, NStZ 1985, 252ff.

[93] Details bei Kühne, Strafverfahrensrecht als Kommunikationsproblem, 1978, S. 116f.

[94] National wird das Problem unter Umständen zwischen den unterschiedlichen Gesellschaftsgruppierungen weitergetragen.

[95] Vgl. dazu Kerner, 1980, S. 105ff.; Weis, 1983, S. 383ff.

ken seien nicht viel mehr als ein Arbeitsnachweis polizeilicher Tätigkeit[96], reicht nicht weit genug. Warum welche Delinquenz in welchem Ausmaß ins Hellfeld gelangt ist, ist die notwendig hier anzuschließende Frage, welche dem Zustandekommen des Arbeitsnachweises nachgeht. Hierzu haben wir nur begrenzte Informationen, die alle den Realitätswert von polizeilichen Kriminalstatistiken mindern[97]. Unter ihnen ist die hervorzuheben, nach der das Kriminalitätsverständnis und die Schwereeinschätzung der die Polizei benachrichtigenden Bürger die Selektion entscheidend steuern. Wieder zeigt sich die letztlich untrennbare Verquickung von Kriminalitätsfurcht und Kriminalitätslage, Kategorien, die theoretisch als „mehr subjektiv" und „mehr objektiv" streng voneinander zu trennen sind.

Als Fazit aus dieser in der Kriminologie intensiv geführten Diskussion können wir festhalten, daß die reale Kriminalitätsbelastung einer Gesellschaft zur Zeit nur mit Hilfe der PKS beschrieben werden kann. Die vielfältigen Mängel der PKS lassen dieses Abbild der Realität jedoch unvollständig und fehlerhaft erscheinen. Es bedarf der Korrektur durch fachkundige Interpretation in Einzelbereichen; eine rein zählende Verwertung ist besonders fehleranfällig[98].

Aber selbst die unter Berücksichtigung all dieser Probleme ermittelte Kriminalitätsrealität ist noch gleichsam wertneutral in Beziehung auf ihre Bedeutung für die Sicherheitslage. Will man dieses Ausmaß der Verminderung von innerer Sicherheit nicht nur persönlich werten, sondern in seinen Auswirkungen für die Gesellschaft messen, so bedarf es eines Rückgriffs auf die aktuelle Kriminalitätsfurcht der Bevölkerung. Kriminalitätsfurcht ist daher nicht nur ein Teil der Kriminalitätsrealität, sondern zugleich auch Indikator für die wertende Beurteilung der Kriminalitätslage.

b) Die Kriminalitätsfurcht

Kriminalitätsfurcht ist zwar, wie eben dargestellt, sowohl Teil der Sicherheitslage als auch Meßinstrument für ihre Bewertung. Dennoch wird Kriminalitätsfurcht nicht nur aus kriminalitätsbezogenen, sondern in großem Maße auch aus kriminalitätsfremden Beweggründen gespeist. Nach vorliegenden Forschungsergebnissen haben wir hinreichenden Anlaß für die Annahme, daß Kriminalitätsfurcht zumindest als Kristallisationspunkt für allgemeine Ängste[99] dient: Verlustängste[100], Angst als Reaktion auf psychisch nicht bewältigte

[96] Vgl. näher Kerner, 1980, S. 72f.

[97] Vgl. insbesondere Heinz in BKA, Polizei und Justiz, BKA-Vortragsreihe 1977, S. 93ff. und Kerner, Verbrechenswirklichkeit und Strafverfolgung, 1973 passim.

[98] Kerner, 1980, S. 76.

[99] Begriff in Anlehnung an F. X. Kaufmann, Sicherheit als soziologisches und sozialpolitisches Phänomen. Untersuchungen zu einer Wertidee hochdifferenzierter Gesellschaften, 2. Aufl., 1973, S. 17.

[100] Kerner, 1980, S. 37.

Veränderungen (von besonderer Bedeutung in Zeiten schneller Entwicklung)[101] und Gefühle der Unsicherheit[102] finden in der Kriminalitätsfurcht einen scheinbar rationalen Ausdruck. So wurde in allen Befragungen die Angst vor Kriminalität erst an untergeordneter Stelle erwähnt, wenn die Befragten selbst angeben mußten, wovor sie am meisten Angst haben. Werden hingegen Antworten zur Auswahl vorgegeben und ist die Kriminalität dabei, so rangiert die Kriminalitätsangst an sehr viel prominenterer Stelle[103]. Leider existieren keine Erkenntnisse über das Ausmaß der Beteiligung der kriminalitätsfremden Beweggründe an der Kriminalitätsfurcht. Eine quantitative Abschichtung zu den kriminalitätsnahen Gründen ist daher nicht möglich.

Die Angst, Opfer von Straftaten zu werden, sowie die bereits gemachten Opfererfahrungen, sind zentrale Anknüpfungspunkte für das Bestehen von Kriminalitätsfurcht und ihr Ausmaß.

Überraschend ist dabei jedoch, daß die Opfererfahrung entgegen der plausiblen Erwartung keineswegs entscheidender Motor der Kriminalitätsfurcht ist. Nach allen vorliegenden Untersuchungen ist das Maß der Kriminalitätsfurcht bei Personen, die selbst bereits Opfer von Straftaten gewesen sind, durchschnittlich nicht höher, zum Teil sogar geringer, als bei Personen ohne eigene Opfererfahrung.[104] Lediglich bei Delikten, die unerwartet geschehen und schwere Verletzungen der körperlichen oder moralischen Integrität bewirken, läßt sich ein Zusammenhang von Kriminalitätsfurcht und Viktimisierung belegen.[105]

Auch diese Erkenntnis reduziert die Rationalität von Kriminalitätsfurcht und ihren „realen“ Bezug auf die Sicherheitslage, ohne damit jedoch die Bedeutung der Kriminalitätsfurcht für die Beurteilung der inneren Sicherheit zu beeinträchtigen. Freilich gerät der Gesichtspunkt der Berichterstattung über Kriminalität hierdurch in den Mittelpunkt des Interesses. Wenn Kriminalitätsfurcht so weitgehend durch unbestimmte Ängste und irrationale Reaktio-

---

[101] Kaufmann, a.a.O., S. 14ff.; Steiner, Der Prozeß der Kriminalisierung, 1973, S. 63; Kerner, 1980, S. 37f.

[102] Kaufmann, a.a.O., S. 17; Arzt, Juristische Blätter 100, 1978, S. 173 (176).

[103] Kerner, 1980, S. 82ff., 137ff., 152 m.w.N.; Ammer, Kriminalität in Landau, 1989, S. 171f. m.w.N.

[104] Kühne, Scheckkarte adé! Lagebeurteilung mit Hilfe der Elektronik. Rechnergesteuerte Kriminalgeographie: Ein Experiment in Trier, Kriminalistik 1988, 62ff.; Ammer, S. 176ff., 188; Schwind, BKA-Forschungsreihe, Bd. 7 1978, S. 329ff.; Hindelang / Gottfredson / Garofalo, Victims of personal crimes, Cambridge/Massechussetts 1978 S. 191; Tyler, Drawing inferences from experiences. The effects of crime victimization. Experiences on crime-related attitudes and behaviours, University of Los Angeles, Dissertation 1978; J. Garofalo, Victimization and the fear of crime, Journal of Research and Crime and Delinquency 16 (1979), S. 80 - 97; vgl. auch Villmow in Kirchhoff / Sessar (Hrsg.), Das Verbrechensopfer, 1979, S. 199.

[105] Kerner, 1980, S. 211ff.

nen geprägt wird, muß die Gefahr der Manipulation durch selektive und die Gefühlswelt ansprechende Medienberichterstattung als recht groß erscheinen.

Ergänzend zur Kriminalitätsfurcht kann die Schwereeinschätzung einzelner Delikte durch die Bevölkerung herangezogen werden, um Delinquenz auch qualitativ mit Blick auf ihre Bedeutung in der Gesellschaft bestimmen zu können.

6. Der augenblickliche Stand der inneren Sicherheit in der Bundesrepublik Deutschland

Die Sicherheitslage im Spiegel der PKS ist vom Kriminalitätsaufkommen her gesehen moderat. Das Wachstum von Kriminalität gemessen an den absoluten wie den Häufigkeitszahlen verlangsamt sich offenbar. Im Bereich der Schwerdelinquenz prägen Stagnation und Rückgang das Bild, vgl. Tab. 1 - 3. Beachtliche Zuwachsraten bei Drogen- und Umweltkriminalität sind Folgen erhöhter Verfolgungsintensität.

Die Aufklärungsquoten als Indikatoren für die Fähigkeit des Staates, Strafrecht durchsetzen zu können, sind im Bereich der Schwerkriminalität auf hohem Niveau in etwa konstant, bei der Kleinkriminalität insbesondere beim Diebstahl auf niedrigem Niveau leicht sinkend, vgl. Tab. 4.

Dies ergibt ein recht positives Bild, welches von den Ergebnissen der Befragungen zur Kriminalitätsfurcht auch bestätigt wird. Nach allen Untersuchungen ergeben sich folgende Grundstrukturen, die durch Abweichungen im Detail letztlich nicht affiziert werden:

- Kriminalität wird bei offener Befragung als Problem erst nach vielen anderen genannt, hat also keinen hohen Stellenwert; erst bei Antwortvorgabe rückt Kriminalität auf höhere Ränge vor.[106]
- Während für das gesamte Bundesgebiet ein ständiges Ansteigen insbesondere auch der Schwerkriminalität gesehen wird, erscheint die Kriminalitätsentwicklung im eigenen Nahbereich als stagnierend oder rückläufig.[107] Der Einfluß einer Medienberichterstattung, die überwiegend tatsächlich äußerst seltene Schwerkriminalität abhandelt, scheint nur Auswirkungen für die Beurteilung des sozialen Fernbereichs zu haben[108], für die Kriminalität im Nahbereich werden fälschlich Fremde verantwortlich gemacht[109], während

---

[106] Kerner, 1980, S. 112ff.; Schwind in Kaiser / Kury / Albrecht (Hrsg.), Kriminologische Forschung der 80er Jahre, Bd. 35/2, S. 943 (948).

[107] Schneider, 1987, S. 728; Hoefnagels, 1973, S. 16ff.; Kerner, 1986, S. 140ff.; Arzt, 1978, S. 176; Schwind 1989, S. 138ff., 207.

[108] Schneider, 1987, S. 728f.

[109] Stephan, Die Stuttgarter Opferbefragung, BKA-Forschungs reihe, Bd. 3, 1976, S. 95ff., 103ff.

hier die eigene Bevölkerung unzutreffend als wenig oder kaum belastet angesehen wird.

- Demgemäß ist das Sicherheitsgefühl grundsätzlich sehr hoch[110], das Leben wird nur dann für vermehrt kriminalitätsgefährdet gehalten, wenn Situationsmerkmale hinzukommen, die ein eigenes Angstpotential in sich tragen. Solche Merkmale sind insbesondere Nacht, Dunkelheit, Einsamkeit, Fremde.
- Die selbst erfahrene oder im sozialen Nahbereich zur Kenntnis genommene Kriminalität erhöht Unsicherheitsgefühle bzw. Kriminalitätsfurcht grundsätzlich nicht[111]. Ausnahmen gelten für schwere Verletzungen der körperlichen oder moralischen Integrität, die aus der subjektiven Sicht des Opfers unerwartet, d.h. ohne die Erkenntnis, sich in Gefahr geneigten Umfeldern bewegt zu haben, geschehen[112]
- Das Vertrauen in die Polizei ist grundsätzlich groß. Die Polizei aus dem Nahbereich wird regelmäßig für noch ein wenig besser gehalten, als die allgemeine Polizei[113]. Diese positive Einstellung wird auch nicht gemindert durch zu niedrige Einschätzung der Aufklärungsquoten[114]. Die Polizei hingegen glaubt an sehr viel weniger Zufriedenheit der Bevölkerung mit ihrer Arbeit[115].

Trotz einiger sich anbahnender Veränderungen der Beurteilung von sogenannten Sitzblockaden und Hausbesetzungen in der Bevölkerung besteht eine zwischen Bevölkerung und Polizei weitgehend identische Schwereeinschätzung von Delikten[116]. Gewaltdelikte gelten als Inbegriff verwerflicher Delinquenz. Darunter als schwerste Taten werden solche mit Todesfolgen angesehen; es folgen sexuelle Gewaltdelikte (Notzucht, sexueller Mißbrauch); an dritter Stelle wird initiative, also vom Täter ausgehende Gewalt genannt, die zu Körperverletzung, Raub, Nötigung, Sachbeschädigung u.a. führt; erst danach kommt politisch motivierte Gewalt gegen Sachen bzw. die Handlungsfreiheit (Hausbesetzung, Sitzblockaden[117]).

Interessant ist in diesem Zusammenhang, daß Kriminalitätsfurcht[118], wie Schwereeinschätzung von Kriminalität[119] im statistischen Sinne nicht beein-

---

[110] Dazu Murck, 1978, S. 202ff. und Steffen, 1988, S. 41.

[111] Kerner, 1980, S. 191ff., 205; Arnold / Teske / Korineck in Kaiser / Kury / Albrecht, Kriminologische Forschung in den 80er Jahren, 1988, Bd. 35/2, S. 909 (922); Kube, Systematische Kriminalprävention, BKA-Sonderband 1986, S. 132.

[112] Arnold / Teske / Korinek a.a.O., S. 926; Sessar et al, KJ 1986, 86ff.

[113] Schneider, 1987, S. 214.

[114] Ammer, 1989, S. 184.

[115] Ammer, 1989, S. 192f., vgl. auch Alex, 1980, S. 257ff.

[116] Plate / Schneider, Schwereeinschätzung von Gewalthandlungen, BKA-Forschungsreihe, Sonderband 1989; Kerner, 1989, S. 486ff.

[117] Nach Plate / Schneider, a.a.O., S. 147f.

flußt werden von Schichtzugehörigkeit oder anderen soziographischen Merkmalen. Insofern sind dies Wertungen und Empfindungen, die von der großen Mehrheit der gesamten Bevölkerung geteilt werden.

In welchem Ausmaß allgemeine ordnungspolitische Vorstellungen eine Rolle spielen, kann nicht gesagt werden. Die Fragestellungen der Studien folgen Plausibilitätserwägungen, wonach Gewalt und individuelle Rechtsgutsverletzungen relevanter erscheinen als Straftaten gegen abstrakte Rechtsgüter bzw. präventiv wirkende Ordnungsvorschriften.

Insgesamt kann festgehalten werden, daß Sicherheitslage und Sicherheitsgefühl der Bevölkerung in der Bundesrepublik zur Zeit einen guten Stand innerer Sicherheit dokumentieren.

---

[118] Kerner, 1981, S. 149ff.; Schwind et al, BKA-Forschungsreihe, Bd. 8, 1978, S. 326ff.

[119] Kerner, in BKA, Straftatenklassifizierung und Gewichtung, 1977, S. 84 (91f.); Villmow, a.a.O., S. 64 (72ff.)

III. Beziehung von innerer Sicherheit und Grenzen

1. Theoretische Vorüberlegungen

Verstehen wir innere Sicherheit als Ergebnis von staatlichem Kontrollaufwand – sei dieser edukativ, präventiv oder repressiv – so ist es im Zusammenhang mit der Frage der Grenzöffnung interessant zu wissen, in welchem Verhältnis Kontrolle und Raum zueinander stehen. Die hiernach notwendig folgende Feststellung, daß die Größe des Raums sich umgekehrt proportional zur Effizienz zur Kontrolle verhält, erscheint trivial. Entsprechend einfach wäre die Schlußfolgerung, daß ein Abbau der Binnengrenzen größere Räume und damit geringere Kontrolleffizienz, also ein Minus an innerer Sicherheit mit sich bringt.

Da jedoch die auf Kleinräume bezogene nationale Organisation der für die innere Sicherheit zuständigen Instanzen bestehen bleibt, ist die Raumvergrößerung insofern wirkungsneutral.

Die nationalen Grenzen als *zusätzliche Kontrollinien* im Rahmen der staatlichen Sicherheitsvorsorge haben hingegen eine potentielle Bedeutung für diese Auftragserfüllung. Das gilt nicht nur für die Flucht inländischer Täter ins Ausland, sondern auch für das Eindringen ausländischer Straftäter ins Inland. Allein die relativ hohe, in Kernbereichen zwischen 20% und 27% liegende Beteiligung von Ausländern an der allgemeinen Kriminalität, vgl. Tab. 5, ist für die Frage der Notwendigkeit von Grenzkontrollen zwar neutral. Sieht man jedoch in Tab. 6, daß knapp 90% aller ausländischen Straftäter sich illegal sich in der Bundesrepublik befinden, wird die potentielle kriminalpolitische Bedeutung von Grenzkontrollen auch insofern deutlich.

Allerdings bedarf es einer – unten bei 2 erbrachten – genauen Analyse der tatsächlichen Kontrolleffizienz der Außengrenzen, um ihren Wert für die innere Sicherheit und die etwaige Notwendigkeit kompensatorischer Maßnahmen beim Grenzabbau zu bestimmen. Hierbei wird zu beachten sein, daß die als Kernbereich der inneren Sicherheit erkannten Normen, die Straftatbestände zum Schutz individueller Grund- und Menschenrechte, von anderen Verbotsnormen unterschieden werden, die nur ordnungspolitische Vorstellungen widerspiegeln.

2. Die aktuelle Kontrollwirkung der Grenzen

In der ganzen Diskussion um innere Sicherheit und Grenzöffnung, wie sie oben bei I. beschrieben worden ist, fehlt es vollständig an Belegen für oder gegen die Kontrollwirkung der Grenze. Eher beiläufig werden einige Zahlen aus den Statistiken der Grenzschutzdirektion Koblenz genannt, ohne daß auch nur ansatzweise die vorhandenen Daten ausgeschöpft oder fachgerecht interpretiert werden[120]. Das ist erstaunlich in Anbetracht der recht guten Qualität der Grenzschutzstatistiken, die gewiß nicht geheimgehalten werden. Wenn trotz einer so lange und intensiv geführten Diskussion das vorhandene empirische Datenmaterial unbeachtet geblieben ist, könnte dies auf die Irrelevanz empirischer Belege hinweisen. Nicht in dem Sinne, daß diese Belege untauglich wären, die sicherheitspolitische Effizienz der Grenzen zu beschreiben – gerade dies kann die Statistik zweifellos. Die Irrelevanz solcher Daten könnte sich vielmehr aus der Andersartigkeit der eigentlich gemeinten Probleme ergeben. Wenn es hauptsächlich darum geht, nationalstaatliche bzw. europäische ordnungs- und sicherheitspolitische Vorstellungen festzuschreiben, ist deren Wirksamkeit kein tauglicher Diskussionspunkt mehr; die Durchsetzung ideologischer Konzept wurde von jeher weniger durch rationale Ableitung als durch die emotionale Qualität der jeweiligen Aussage betrieben.

a) Die Datenaufnahme

Das vorliegende Gutachten kann nur Stellung beziehen zu den rationalen Implikationen. Deshalb wird im folgenden der Versuch unternommen, die Statistiken der Grenzschutzdirektion Koblenz auszuwerten. Den leitenden Herren der Grenzschutzdirektion sei an dieser Stelle Dank gesagt für ihre kompetente, schnelle und überaus freundlich gewährte Hilfe.

Um die Effizienz der bisher durchgeführten Grenzkontrollen einschätzen zu können, mußte sich das Projekt daher zunächst auf eine Auswertung der sehr umfangreichen Statistiken des Bundesgrenzschutzes konzentrieren, aber auch angesichts des zeitlich knappen Rahmens beschränken. Weitere methodische Möglichkeiten wurden als Vorschläge für ein größer dimensioniertes Projekt niedergelegt, so etwa der Vorschlag eines statistischen Vergleichs des Deliktsaufkommens der „Schengener“ Staaten Benelux, Frankreich und BRD insgesamt oder eines Effektivitätsvergleichs des normalen Polizeikontrolldienstes mit der Tätigkeit des Grenzschutzeinzeldienstes.

Das verarbeitete Datenmaterial bezieht sich auf die Jahre 1980 bis zum 1. Halbjahr 1989. Auf eine Einbeziehung weiterer grenzpolizeilicher Daten

---

[120] Vgl. Fußn. 24 - 28 und meine kritische Kommentierung dieser Zahlenspiele daselbst im Text.

für das 2. Halbjahr 1989 wurde verzichtet, da diese durch das infolge der politischen Ereignisse erheblich gestiegene Reiseverkehrsaufkommen über die Grenze zur DDR und den übrigen Ostblickländern verzerrt worden sind.

Zunächst wurden aus dem statistischen Material der Grenzschutzdirektion einige Basisdaten über Art und Aufkommen des grenzüberschreitenden Reiseverkehrs an den „Schengener Grenzen" zusammengestellt.

Die von der Grenzschutzdirektion angegebenen absoluten Zahlen beruhen auf der Zählung der Einreisen, die Zahl der Grenzübertritte insgesamt wird durch Verdoppelung der Einreisezahlen hochgerechnet. Danach fanden seit 1980 im Schnitt etwa 1 Mrd. Grenzübertritte an den Grenzen der Bundesrepublik statt. Erschwerend für das Projekt kam hinzu, daß bis 1988 der Reiseverkehr nur nach Grenzschutzämtern, nicht aber nach Grenzabschnitten aufgeschlüsselt wurde. Diejenigen Grenzschutzämter, deren Zuständigkeitsbereich Grenzabschnitte zu „Schengener Staaten" umfaßt, sind die GSA Emden (Niederlande), Kleve (Niederlande), Aachen (Niederlande und Belgien), Saarbrücken (Belgien, Luxemburg und Frankreich) und Weil a. R. (Frankreich), wobei bei letzterem jedoch auch der in die Schweiz gerichtete Verkehr untrennbar in die Zählung mit aufgenommen wurde. Zur Erhaltung der Fehlerkonstante als Voraussetzung für die Vergleichbarkeit der Daten über die Jahre wurde darauf verzichtet, ab 1988 die korrigierten Daten zugrundezulegen. Eine weitere Ungenauigkeit ergibt sich daraus, daß bis 1985 die Zahlen aus dem internationalen Flugverkehr in Frankfurt dem GSA Saarbrücken zugeschlagen worden sind.

Ab dem Jahre 1985 halten die „Schengener" Grenzschutzämter danach einen Anteil vo etwas über 50 % am gesamten Reiseaufkommen.

Eine realitätsgerechte Angabe über die Zahl der Einreisen über Landübergänge und Binnenwasserstraßen nach Grenzabschnitten ergibt sich nur für das Jahr 1988 und das erste Halbjahr 1989. Der Einreiseverkehr über die „Schengener Grenzen" machte 44,0 bzw. 43,9 % des gesamten Einreiseverkehrs aus.

b) Aufgriffszahlen an den Grenzen: Grenzdaten

Wie Tabellen 7, 8 zeigen, weisen die Aufgriffszahlen an den Außengrenzen (einschließlich Flughäfen, vgl. zu deren Anteil an Aufgriffen Tab. 8a) in oszillierender Form eine steigende Tendenz auf. Interessant ist dabei der Rhythmus: Nach der Steigerung folgen zwei Jahre mit sinkenden Zahlen, die dann von zwei Jahren mit steigenden Zahlen abgelöst werden und so fort. Die Vereinbarungen zur Erleichterung des Grenzverkehrs mit Österreich und den Schengener Vertragspartnern schlagen bei der Gesamtzahl der Aufgriffe nicht erkennbar durch. Ganz anders bei den Aufgriffszahlen an den Schengener Grenzen. 1985 zeigen sich bereits die Effekte des vorbereitenden bilateralen

Abkommens mit Frankreich von 1984 und die mit Wirkung vom 15. 6. 1985 eingetretenen Erleichterungen bei der Kontrolle des Reiseverkehrs nach Art. 2 des Schengener Abkommens. Die Aufgriffszahlen sinken um 2,4% an der Schengener Grenze, während insgesamt die Aufgriffszahlen für alle Außengrenzen sich gegenläufig verhalten und deutlich steigen – eine Steigerung, die demnach ausschließlich durch die nicht-Schengener Grenze begründet wird. 1986 wird das ganze Ausmaß der Folgen deutlich. Gemessen an 1984 sind die Aufgriffszahlen um 17,5% gefallen und fallen konstant weiter.

Betrachtet man die Nationalität der aufgegriffenen Personen, so spiegelt sich hier die Veränderung der Kontrollstruktur wider. Deutsche und EG-Angehörige werden weniger häufig aufgegriffen, sie profitieren vom vereinfachten Verfahren. Die Zahl der aufgegriffenen Nicht-EG-Ausländer steigt dagegen.

c) Allgemeine und „grenzgemachte" Kriminalität

Schlüsselt man die Aufgriffe nach den bezogenen Delikten auf, so empfiehlt es sich, zunächst die allgemeinen von den sogenannten grenzgemachten Delikten zu unterscheiden. Letztere sind solche, die nur begangen werden (können), weil Grenzen und Grenzkontrollen bestehen. Darunter fallen Verstöße gegen das Ausländer- und Paßgesetz aber auch praktisch alle aufgegriffenen Fälle von Urkundenstrafrecht. Pässe, Ausweise werden gefälscht, verfälscht, Teile davon werden unterdrückt usw. Immer handelt es sich um Delinquenz, die der Überwindung der Grenze bzw. ihrer Kontrolle dient. Mit dem Wegfall der Grenzkontrolle wird zwar nicht eine rechtswidrige Einreise in die Bundesrepublik zu einer rechtmäßigen. Diese wie alle anderen in Pass- und Ausländergesetz geregelten Fragen bleiben unberührt. Geschützt werden hierdurch aber nicht – zumindest nicht unmittelbar – Grundrechte der einheimische Bürger, sondern ordnungspolitische Konzepte des Staates. Wenn der Staat sich – wie im Schengener Abkommen und in Art. 8 a EWG-Vertrag geschehen – für eine Erweiterung der Binnengrenzen entschieden hat, hat er damit notwendig zugleich das frühere Ordnungskonzept korrigiert. Es wäre schlicht widersprüchlich, die Zugangs- und Aufenthaltsbefugnisse für nicht EG- bzw. Schengener Ausländer anhand neuer Außengrenzen zu definieren und zugleich den Verlust der gerade aufgegebenen alten Grenzen zu beklagen. Entsprechendes gilt für die Staatsschutzdelikte.

Anders sieht es mit der übrigen Kriminalität aus, die ausweislich der Statistik Aufgriffsgründe abgibt. Es bleiben 4 Deliktsgruppen, Delikte wider das Leben, wider das Eigentum und Vermögen, Waffen und Sprengstoff sowie Betäubungsmittelsachen. Hier sind Rechte der Bürger als potentielle Opfer betroffen[121], weshalb der Staat nicht einfach über sie verfügen kann; die innere Sicherheit ist betroffen.

Inwieweit die jetzigen Grenzen zu Aufdeckung und Aufklärung dieser Delikte beitragen, ist die zentrale Frage.

Ausweislich von Tabelle 9 fällt bei BtM- sowie Waffen- und Sprengstoffsachen auf, daß die absoluten Zahlen nach 1985 dramatisch und bleibend gefallen sind. Dies ist jedoch lediglich Folge einer Bereinigung von Fehlern bei der Datenaufnahme: Eine unzulässige Doppelzählung dieser Delikte durch Zoll- und Grenzschutz wurde unterbunden.

Die Aufgriffszahlen in Verbindung mit Delikten wider das Leben, sind entsprechend ihrer relativen Seltenheit nach PKS recht gering, zudem mit fallender Tendenz, die bei den Aufgriffszahlen noch stärker ausgeprägt ist als bei den PKS-Daten. Ebenfalls weitgehend parallel zur Beschreibung in der PKS verhalten sich die Aufgriffszahlen in Verbindung mit Delikten gegen Eigentum und Vermögen; ausgehend von einem recht hohen Niveau steigen sie kontinuierlich.

Die in Tabelle 9 ausgewiesenen Zahlen zu Urkunden- und Paßvergehen sowie Verstößen gegen das Ausländerrecht spiegeln, wie dargelegt, die typische grenzgemachte Delinquenz.

Versucht man nun die Bedeutung dieser Aufgriffe für die Strafrechtspflege zu beurteilen, bietet sich eine Gegenüberstellung mit den jeweiligen absoluten Deliktszahlen nach PKS an. Wie Tabelle 10 zeigt, ist die quantitative Bedeutung der Grenzkontrolle in diesem Vergleich jedoch recht gering, womit über die Frage nach der qualitativen Bedeutung der Aufgriffe für die Strafrechtspflege auch in diesem kleinen Bereich noch nichts gesagt ist.

Stellte man eine entsprechende Rechnung für die Grenzen der Schengener Vertragsstaaten auf, würden sich die Zahlen weiter minimieren. Ein solches Vorgehen wäre jedoch unzulässig, da für diese reduzierte Grenze entsprechend reduzierte PKS-Zahlen nicht verfügbar sind, ein Vergleich also im Ansatz bei der gegebenen Datenlage scheitern muß.

Man kann aber die deliktsspezifischen Aufgriffszahlen für den Bereich des Schengener Grenzverlaufs darstellen, siehe Tabelle 11, und diese dann mit denen aus allen Grenzen vergleichen, Tabelle 10. Obwohl etwas mehr als die Hälfte des gesamten registrierten Reiseverkehrs über die Schengener Grenze geht, werden hier sehr viel weniger als die Hälfte aller Aufgriffe getätigt. Lediglich bei den BtM-Aufgriffen ist der Anteil mit über 65 % überproportional. Das hängt ganz offensichtlich mit dem Drogentourismus aus Holland zusammen.

---

121 Das mag bei den Betäubungsmitteldelikten zweifelhaft sein, weil sie die eigentümliche Konstellation der Identität von Täter und Opfer als Regelfall haben. Wenn man dann aber meint, das Recht und die Pflicht zu haben, den Bürger insoweit vor sich selbst durch Strafdrohung zu schützen, ist die Einordnung dieser Delikte in den zentralen Bereich der inneren Sicherheit möglich.

Der Eindruck über den eher zufälligen Charakter von Aufgriffen wird verstärkt, wenn man sich das Verhältnis von Grenzübertritten und Aufgriffen anschaut. Tabelle 12 zeigt, daß insgesamt an allen Außengrenzen ca. 10 Aufgriffe auf 100000 Grenzübertritte fallen. Im Bereich der Schengener Grenze nähert sich nach 1985 diese Häufigkeit der Zahl 5.

Beschränkt man diese Daten auf die nicht grenzgemachte, die eigentliche Kriminalität, so sinkt die Aufgriffshäufigkeit an der Gesamtgrenze um rund 75%, vgl. Tabelle 13. Interessant ist dabei die geringe Unterschiedlichkeit der allgemeinen Aufgriffszahlen von denen an den Schengener Grenzen (1988: 2,19 Aufgriffe/100000 an Gresamtgrenze, an Schengener Grenzen 1,91). Hieraus folgt unschwer, daß bei allen Grenzen der quantitative Aufgriffsschwerpunkt bei den hier sogenannten grenzgemachten Delikten liegt und daß die Koontrollerleichterungen nur diese, nicht aber die Aufgriffshäufigkeit der allgemeinen Kriminalität beeinflussen. Es sei nochmals erwähnt, daß nur letztgenannte Kriminalität die innere Sicherheit zu beeinträchtigen in der Lage ist.

Die seit 1988 geführten Daten über die Intensität der Kontrollen bestätigen dieses Bild von der randomisierten Aufgriffshandlung, vgl. Tabellen 14 - 17.

d) Fahndungs- und Initiativaufgriffe

Nicht jeder der registrierten Aufgriffe ist ein originärer unersetzbarer Beitrag für Entdeckung oder Aufklärung der Tat. Gemeinhin wird in diesem Zusammenhang auf die Unterscheidung von Fahndungsaufgriff einerseits und Initiativaufgriff andererseits hingewiesen. Der durch Vorinformationen vorbereitete Fahndungsaufgriff sei für die Kontrolleffizienz weniger bezeichnend als der Initiativaufgriff, der als Akt eigenständiger, unvorbereiteter Verdachtschöpfung an der Grenze eigene Verfolgungspotenz manifestiere.

Dies ist nicht ganz richtig. Haben Aufgriffe nur deshalb stattgefunden, weil die zufällige Kontrolle mithilfe einer EDV-Nachfrage etwa einschlägige Daten hervorbrachte, so sind diese Fahndungsaufgriffe trotz der Vorinformation originär, sie hätten ohne Grenzkontrolle nicht geschehen können. Gingen die Vorinformationen hingegen so weit, daß der annoncierte Grenzübertritt lediglich zum Aufgriffsanlaß genommen wird, dokumentiert sich hierin keine eigene Kontrollfunktion der Grenze. Der Aufgriff hätte aufgrund der Informationen auch woanders stattfinden können.

Noch ein wenig schwieriger wird die Situation dadurch, daß als Fahndungsaufgriff auch Überwachungs- und Observationsmaßnahmen gezählt werden. Wie Tabelle 18 zeigt, machen bei Staatsschutz und Betäubungsmitteldelikten diese nicht gegen die Person gerichteten Maßnahmen den weitaus überwiegenden Teil aller Aufgriffe aus. Bei Eigentums- und Vermögensdelikten sind dies immer noch rund 30% aller Aufgriffe. Welchen praktischen Wert diese Aufgriffe für die Ermittlungen haben, kann nicht gesagt werden. Weder gibt es diesbezüglich Rückmeldungen an den Grenzschutz, noch wird an irgendeiner Stelle für eine Datenanalyse hinreichend die Bedeutung solcher Maßnahmen festgehalten. Es bleibt lediglich die plausible Vermutung, daß solche Aufgriffe wegen ihres mehr potentiell ermittlungsfördernden Werts bei der Verbrechensbekämpfung vergleichsweise weniger wichtig sind als andere Aufgriffe, die den bekannten Verdächtigen festsetzen oder Täter und Beute der Staatsanwaltschaft zur geflissentlichen Verwendung zur Verfügung stellen.

Anders ist es bei Initiativaufgriffen, die regelmäßig eine Ermittlungshandlung darstellen, die ohne weiteres an anderer Stelle als der Grenze nicht hätte durchgeführt werden können. Initiativaufgriffe machen der größeren Schwierigkeit bei der durch Vorinformationen ungestützten Verdachtsschöpfung wegen einen recht kleinen Anteil aus, soweit nicht die grenzbezogene, sondern die allgemeine Kriminalität betroffen ist. Tabelle 19 weist für Betäubungsmittel und Waffen- bzw. Sprengstoffdelikte die höchsten Anteile von Initiativaufgriffen aus. In diesen Deliktsbereichen haben sich recht deutliche Wahrnehmungsmuster gebildet, die eine hohe Trefferquote bei Kontrollen garantieren. Im übrigen bleiben Initiativaufgriffe zwischen 8 und 16% eher die Ausnahme. Beschränkt man diese Betrachtung auf die Schengener Grenzen, so reduziert sich der Anteil der Initiativaufgriffe noch stärker, vgl. Tabelle 20. Auch bei den Initiativaufgriffen zeigt sich die absolute Dominanz von Urkunden-, Paß- und Ausländergesetz-Delikten, der sog. grenzgemachten Delikte also. Einfach Wahrnehmungsmuster, die „Fremdländisches" leicht erkennen helfen, sind der Schlüssel für diese Erfolge.

Die Datenlage erlaubt eine weitergehende qualitative Analyse leider nicht. Weder eine Einschätzung des Erfolgs der Grenzschutzaufgriffe für die polizeiliche Ermittlungsarbeit noch eine Schwereeinschätzung der ermittelten Delikte ist möglich. Es kann lediglich auf die allgemeine Erfahrung im Grenzschutz verwiesen werden, nach welcher „große Fälle" durch Vorinformationen und lange Vorbereitungen, also keinesfalls zufällig an der Grenze zum Aufgriff kommen, während die übrigen „Treffer" sich im Bereich kleiner oder bestenfalls mittlerer Kriminalität bewegen.

An der Nahtstelle zwischen Ordnungs- und Sicherheitspolitik liegt die Tätigkeit der Grenzschutzämter zur Bekämpfung arbeitsrechtlicher Wirtschaftsdelikte. Die aus Tabelle 21 ersichtlichen Aufgriffszahlen, die für die Schengener Grenze im unmittelbar strafrechtlich relevanten Bereich nur ein- und zweistellig sind, indizieren keine bedeutende Kontrolleffizienz.

e) Nacheile und Observation

Als wesentlicher Teil der Gewährung von innerer Sicherheit wurde und wird das Problem der *Nacheile* angesehen. Wo verschiedene polizeiliche Zuständigkeitsbereiche ohne dazwischenliegende Grenzkontrolle aufeinander stoßen, besteht das natürliche Interesse der Polizei, den ungehindert grenzüberschreitenden Täter ohne langwierige Formalitäten auch grenzüberschreitend verfolgen zu dürfen. Es war daher nach dem 2. Weltkrieg in der Bundesrepublik ein Hauptanliegen der Polizeipraktiker, die Landespolizeien so bald als möglich mit grenzüberschreitenden Befugnissen zu den benachbarten Bundesstaaten auszustatten. Die ab 1950 in Kraft getretenen Polizeigesetze der Länder – insofern dem RE Polizeigesetz folgend – sowie die Verwaltungsabkommen der Länder klärten diese Fragen zur Zufriedenheit aller Beteiligten.

Im kleinen Schengener wie im großen Europa der Zehn ist die Situation ähnlich, weshalb auch hier eine entsprechende Regelung gefordert wird, ohne daß ein wirklicher Konsens über die Ausgestaltung der Nacheile in Schengen II hätte erzielt werden können.

Bei diesem Diskussionsstand ist es verblüffend, zu erkennen, welche Bedeutung die Nacheile an den Grenzen tatsächlich hat: praktisch überhaupt keine. Fälle der Nacheile werden nicht einmal zu statistischen Zwecken registriert. Eine telefonische Umfrage bei den Grenzschutzämtern hat ergeben, daß die Nacheile weder geschieht noch für erforderlich erachtet wird. Lediglich bei Grenzübergängen, die in größeren Stadtgebieten liegen, gibt es sehr vereinzelt schon einmal den Fall einer Nacheile.

Nun könnte man einwenden, Nacheile werde erst bedeutsam, wenn die Grenzkontrolle entfallen sei, da bisher die noch bestehende Kontrolle Täter aufgehalten, die Nacheile also überflüssig gemacht habe. Dieser Einwand ist bei der doch sehr wenig intensiven Kontrolle an den Grenzen – wie oben dargelegt – nur von eingeschränkter Bedeutung. Gleichwohl ist er beachtlich. Fälle potentieller Nacheile, aus denen sich die aktuelle Bedeutung der Nacheile für den Fall der Grenzöffnung ergeben würde, sind solche, bei denen polizeiliche Verfolgung stattfindet, aber bis zur Grenze nicht erfolgreich ist, weshalb die Grenzbeamten entsprechend tätig werden. Auch nach diesen Fällen wurde gefragt. Das Ergebnis war ebenso negativ wie bei der wirklichen Nacheile. Vereinzelt wurde angeführt, daß es so etwas wohl schon einmal gegeben habe; konkrete nach Zeit und Häufigkeit beschriebene Angaben konnten nicht gemacht werden.

Dieses Ergebnis wird bestätigt durch die Erfahrungen der Benelux-Länder. Das Benelux-Abkommen vom 11. 4. 1960 regelt die Nacheile sehr knapp und beschränkt sie auf eine 10-km-Zone. Nach übereinstimmenden Auskünften aus den jeweiligen höchsten polizeilichen Führungsstäben der drei Staaten ist das Problem der Nacheile im Zeitalter einer mit Funk und Kraftfahrzeugen gut ausgerüsteten Polizei lediglich eine historische Reminiszenz.

Was schließlich die thematisch nahegelegene *grenzüberschreitende Observation* anbetrifft, so gibt es aus polizeilicher Sicht nach Auskünften der Landeskriminalämter und des Bundeskriminalamtes heute keine ernsthaften Schwierigkeiten mehr, die Kooperation hat sich bereits bewährt.

IV. Ergebnisse und Ausblick

1. Aus der Sicht der Verfassung, der Europäischen Menschenrechtskonvention sowie der Polizeigesetze kann der Begriff der inneren Sicherheit nur insoweit verbindlich beschrieben werden, als damit die Verpflichtung des Staates zum Schutze von Grundrechten der Bürger vor Verletzungen durch andere Bürger beschrieben wird.

   In welchem Ausmaß und mit welcher Intensität dieser Schutz zu gewähren ist, ergibt sich nicht aus dem Begriff der inneren Sicherheit. Politische Wertungen und weitere Verfassungsprinzipien, insbesondere das Rechtsstaatprinzip und das Verhaltensmäßigkeitsgebot bestimmen die weitere Ausgestaltung. Regelungen außerhalb dieses Kernbereichs sind ordnungspolitischer Natur und gehören nicht zur inneren Sicherheit im eigentlichen Sinne.

2. Aus kriminologischer Sicht konstituiert sich innere Sicherheit aus objektiver Sicherheitslage und subjektivem Sicherheitsgefühl der Bevölkerung. Nach einschlägigen empirischen Untersuchungen ist hiernach der Zustand der inneren Sicherheit in der Bundesrepublik gut.

3. Der Beitrag der Grenzen zum Erhalt der inneren Sicherheit ist gemessen an den Grenzschutzstatistiken sowohl qualitativ als auch quantitativ äußerst gering. Insbesondere Grenzkontrollen im Bereich der Schengener Vertragspartner greifen außerhalb von vorbereitenden Fahndungsmaßnahmen nur noch auf der Basis des Zufallsprinzips. Hier ist die Grenze kein ernsthaftes Hindernis mehr für Straftäter. Der völlige Kontrollabbau würde die Tätigkeit der Strafverfolgungsbehörden nicht merklich beeinträchtigen.

4. Die präventive Wirkung verbleibender Grenzkontrollen ist nicht empirisch erfaßbar. Es kann nur vermutet werden, daß sie den schlecht organisierten Gelegenheitsdelinquenten, keinesfalls aber den überlegt und planerisch vorgehenden Kriminellen beeindruckt.

5. Die Nacheile ist an den heutigen Grenzen weder ein aktuelles, noch ein potentielles Problem. Der entsprechende Regelungsbedarf erscheint daher nicht als sonderlich dringlich.

6. Die grenzüberschreitende Observation funktioniert insbesondere mit den Ländern des Schengener Abkommens bereits heute überaus zufriedenstellend.

Nach alledem läßt die Umsetzung des Schengener Abkommens keine merkliche Minderung für die innere Sicherheit befürchten. Die augenblickliche Realität an den Westgrenzen ist faktisch dem Zustand der Kontrollfreiheit weitgehend angenähert. Bemühungen um Verbesserung der polizeilichen Kooperation durch Datenverbund und die Schaffung einer europäischen Polizeizentrale sind Maßnahmen zur allgemeinen Stärkung polizeilicher Ermittlungsarbeit. Es wäre unzutreffend sie als Kompensation für Kontrollverluste an der Grenze zu verlangen.

V. Konzeption einer empirischen Studie zur Messung von Veränderungen des Kriminalitäts-geschehens durch Grenzöffnung

Der Wegfall von Grenzkontrollen zu den Staaten des Schengener Abkommens führt potentiell zu einer Verminderung der Aufgriffe, die statistisch erkennbar sein müßte.

Initiativaufgriffe an der Grenze beziehen sich auf Taten, die teils bekannt, also bereits polizeilich registriert, teil noch vollständig unbekannt sind. Zu ersteren gehört die sogenannte Bringkriminalität. Autodiebstähle, die etwa deshalb an der Grenze zu einem Aufgriff führen, weil Fahrer und Wagen nicht zusammen zu passen scheinen oder Tank- bzw. Türverschlüsse beschädigt sind, sind regelmäßig bereits zuvor der Polizei gemeldet worden. Wegen der Inanspruchnahme von Versicherungsleistungen durch Geschädigte kann man von einer praktisch vollständigen Informierung der Polizei ausgehen, soweit bei Delikten gegen das Eigentum keine Bagatellwerte betroffen sind. Wegen der begrenzten Möglichkeiten durch bloße Inaugenscheinnahme mitgeführter Sachen der die Grenze überschreitenden Person einen zum Aufgriff führenden Verdacht zu entwickeln, beschränken sich die Initiativaufgriffe an der Grenze auf eben diese Delikte. Hier führt der Initiativaufgriff lediglich zu einer Verbesserung der Aufklärungs- bzw. Vollzugsstatistik.

Polizeilich unregistriert bei Initiativaufgriffen sind regelmäßig Fälle sogenannter Holkriminalität. Die Betäubungsmitteldelikte sind hierfür ebenso prominente wie an der Grenze häufige Taten. Fällt einer Person bei der Paßkontrolle ein Spritzenbesteck aus der Tasche – ein durchaus nicht seltener Fall – oder erweckt sein Äußeres den Verdacht des Drogenmißbrauchs, so schafft der daraufhin folgende Aufgriff, der mitgeführtes Betäubungsmittel zu Tage bringt, eine neue statistische Ziffer über bekanntgewordene Taten.

Fällt nun die Grenzkontrolle weg, müßte eine Veränderung der Kriminalstatistik diesbezüglich von Initiativaufgriffen bei Bringkriminalität durch Verminderung der Aufklärungsquoten, bei Holkriminalität durch Verminderung der polizeilich bekanntgewordenen Delikte bewirken. Dieses als Hypothese unter der Voraussetzung formuliert, daß keine kompensatorischen Maßnahmen getroffen werden.

Bei Fahndungsaufgriffen ist das Delikt, unabhängig davon, ob es sich um Bring- oder Holkriminalität handelt, notwendig bereits vorher polizeilich registriert – wenn es sich denn um wirkliche Aufgriffe handelt. Hier fördert der

Grenzaufgriff potentiell die Aufklärungsquote, indem ein gesuchter Tatverdächtiger oder ein Tatobjekt gefunden werden. Allerdings müßte klargestellt werden, ob oder inwiefern durch den Aufgriff die polizeiliche Aufklärung tatsächlich gefördert wurde. Dies ist aufgrund jetziger statistischer Verfahrensweisen nicht möglich. Da Fahndungsmeldungen auch bereits überführten oder gar schon verurteilten Straftätern gelten, fördern solche Aufgriffe nicht die Aufklärungsquote sondern die Vollstreckung der Sanktion. Auch diese Daten müßten isoliert und einer gesonderten Verwertung zugeführt werden.

Den vielen Fällen, in denen bloße Observationsmeldungen als Fahndungsaufgriff gebucht werden, liegt zwar auch ein bekanntes Delikte zugrunde, die Folge der Meldung für die polizeiliche Aufklärung ist jedoch sehr viel mittelbarer und dürfte statistisch nur schwer erfaßbar sein.

Bei den zur Zeit bestehenden Verfahren zur Datenaufnahme könnten Veränderungen des Kriminalitätsgeschehens durch die Grenzöffnung im Lichte der PKS auf *quantitativer* Ebene folgende sein:

1. Die Zahl der polizeilich bekanntgewordenen BtMG-Fälle sinkt.
2. Die Aufklärungsquote von Eigentumskriminalität und Betäubungsmitteldelikten sinkt.

Voraussetzung für eine derartige Veränderung wäre eine im übrigen unveränderte Ermittlungsarbeit ohne kompensatorische Maßnahmen.

Wegen der geringen Zahl von den insofern relevanten Aufgriffen an der Grenze zu den Schengener Vertragsstaaten im Verhältnis zu der bundesweit erzielten absoluten Menge dieser Delikte ist ein Vergleich mit der Bundesstatistik nicht möglich. Etwaige Veränderungen müßten als statistische Zufallsergebnisse abgetan werden. Deshalb kommt nur ein Vergleich mit der Kriminalstatistik der jeweiligen Grenzregion in Frage. Dies erfordert ein genaues Umreißen der Grenzregion. Wichtigster Parameter für die räumliche Definition der Grenzregion ist dabei der Begehungsort der Taten, die bislang an der Grenze aufgedeckt oder weiter ermittelt worden sind. Nur wenn *die* Region statistisch kontrolliert wird, in welcher die an der Grenze aufgegriffenen Verdächtigen/Täter ihr Delikt begangen haben, ist der erforderliche Zusammenhang herzustellen.

Die zur Zeit erhobenen Daten lassen eine solche Zuordnung nicht zu. Wenn tatsächlich zum 1. 1. 1990 die Grenzkontrollen fallen, sind die erforderlichen Daten nicht mehr einzuholen. Man müßte an den anderen, noch nicht total geöffneten europäischen Außengrenzen der Bundesrepublik entsprechende Taten zusammenführen, um daraus Rückschlüsse für die Tatorte an den Schengener Außengrenzen zu ziehen und entsprechend die Grenzregion statistisch definieren.

Sollte die Grenzöffnung noch auf sich warten lassen, müßte im Gebiet der Schengener Außengrenzen Vorsorge dafür getroffen werden, daß die vorhandenen Daten von Tatort und tatbezogenen Grenzaufgriffen miteinander korreliert werden. Aus der Sammlung der Tatorte müßte dann die Vergleichsregion gebildet werden.

Um auch eine befriedigende *qualitative* Auswertung zu ermöglichen, müßten Angaben für die Schwereeinschätzung der Delikte zur Verfügung stehen. Schon heute werden in diesen Fällen von den Grenzbeamten die Statistikformulare der Polizei benutzt, in denen Angaben über Schadenshöhe oder Menge des mitgeführten Rauschgifts aufgenommen werden. Es müßte nunmehr lediglich sichergestellt werden, daß die Informationen über diese Grenzaufgriffsdelikte isoliert und nach Schadenshöhe gesondert ausgewiesen werden können. Ein solches Vorgehen würde die bereits oben bei II.2. geäußerte begründete Vermutung über die nach Schweregesichtspunkten unerhebliche Grenzaufgriffskriminalität einer näheren Prüfung unterziehen.

Tabelle 1: **Erfaßte Fälle einzelner Deliktsgruppen nach PKS für das Bundesgebiet**

	Mord / Tot-schlag	Raub / räub. Er-pressung / räub. Angriff auf Kraftf.	Gefähr. / schwere / einfache Körperv.	Diebstahl unter / ohne erschw. Umstände/n	Betrug / Untreue / Unter-schlg.	Begünst. / Strafver-eitelung / Hehlerei	Urkunden-fälsch.	Wirtsch.-delikte strafr. Nebengs.	BtMG	Umwelt-delikte StGB	Straft. AuslG / AsylverfG	Straft. WaffenG / Kriegswf.-kontrollG
1979	2 604	21 950	151 249	2 295 694	275 352	21 274	28 902	6 296	51 445	/	37 827	20 439
1980	2 705	24 193	177 500	2 437 824	287 855	24 254	34 845	7 464	62 395	/	43 311	30 432
1981	2 940	27 710	185 029	2 605 051	329 704	24 551	37 556	8 465	61 802	5 844	54 418	22 839
1982	3 012	30 465	179 731	2 775 777	371 092	28 237	43 078	10 917	63 002	6 750	47 356	22 520
1983	2 730	29 561	181 528	2 784 931	391 799	29 271	39 608	12 320	63 742	7 507	42 100	22 248
1984	2 722	28 012	175 836	2 583 635	399 800	29 966	36 745	12 378	60 588	9 805	45 935	20 420
1985	2 778	29 685	182 444	2 268 933	425 305	30 675	37 420	14 095	60 941	12 875	55 258	19 904
1986	2 702	28 581	184 929	2 720 077	422 282	30 702	41 113	16 716	68 694	14 853	65 737	18 574
1987	2 632	28 122	184 843	2 790 849	412 650	30 445	40 052	16 558	74 894	17 930	60 206	17 895
1988	2 518	28 952	186 322	2 655 157	430 616	28 961	42 959	19 749	84 998	21 116	74 027	17 694

Tabelle 2: **Häufigkeitszahlen**

	Mord / Tot-schlag	Raub / räub. Er-pressung / räub. Angriff auf Kraftf.	Gefähr. / schwere / einfache Körperv.	Diebstahl unter / ohne erschw. Umstände/n	Betrug / Untreue / Unter-schlg.	Begünst. / Strafver-eitelung / Hehlerei	Urkunden-fälsch.	Wirtsch.-delikte strafr. Nebengs.	BtMG	Umwelt-delikte StGB	Straft. AuslG / AsylverfG	Straft. WaffenG / Kriegswf.-kontrollG
1979	4,2	35,8	246,6	3 742,8	448,9	34,7	47,1	10,3	83,9	/	61,6	31,4
1980	4,4	39,3	288,4	3 960,0	467,6	39,4	56,6	12,1	101,4	/	70,6	49,5
1981	4,8	44,9	300,1	4 224,5	534,7	39,8	60,9	13,7	100,2	9,5	88,2	37,0
1982	4,9	49,4	291,6	4 503,4	602,1	45,8	69,9	17,7	102,2	11,0	76,8	36,5
1983	4,4	48,1	295,5	4 534,2	637,9	47,7	64,5	20,1	103,8	12,2	68,5	36,2
1984	4,4	45,8	287,4	4 223,0	653,5	49,0	60,1	20,2	99,0	16,0	75,1	33,4
1985	4,6	48,7	299,0	4 308,6	697,0	50,3	61,3	23,1	99,9	21,1	90,6	32,6
1986	4,4	46,8	302,9	4 456,6	691,7	50,3	67,3	27,4	112,5	24,3	107,7	30,4
1987	4,3	46,0	302,3	4 565,7	674,9	49,8	65,5	27,1	122,5	29,3	98,5	29,3
1988	4,1	47,3	304,3	4 335,5	702,4	47,3	70,1	32,2	138,8	34,5	120,9	28,9

Tabelle 3: **Steigerungsraten bezogen auf Häufigkeitszahlen**

	Mord / Tot- schlag	Raub / räub. Er- pressung / räub. Angriff auf Kraftf.	Gefähr. / schwere / einfache Körperv.	Diebstahl unter / ohne erschw. Umstände/n	Betrug / Untreue / Unter- schlg.	Begünst. / Strafver- eitelung / Hehlerei	Urkunden- fälsch.	Wirtsch.- delikte strafr. Nebengs.	BtMG	Umwelt- delikte StGB	Straft. AuslG / AsylverfG	Straft. WaffenG / Kriegswf.- kontrollG
1979	+ 2,4	+ 1,4	+ 14,5	+ 1,3	+ 3,6	+ 2,3	– 5,5	– 1,0	+ 20,0	/	+ 21,3	– 7,3
1980	+ 4,8	+ 9,8	+ 3,9	+ 5,5	+ 4,2	+ 11,8	+ 20,2	+ 14,9	+ 20,9	/	+ 12,7	+ 36,6
1981	+ 9,1	+ 14,2	– 2,9	+ 6,3	+ 14,3	+ 1,0	+ 7,1	+ 11,7	– 1,2	/	+ 20,2	– 33,8
1982	+ 2,1	+ 10,0	– 2,8	+ 6,2	+ 12,6	+ 13,1	+ 12,9	+ 22,6	+ 2,0	+ 15,8	– 14,8	– 1,4
1983	– 10,2	– 2,6	+ 1,3	+ 0,7	+ 5,9	+ 4,0	– 8,4	+ 11,9	+ 1,6	+ 10,9	– 12,1	– 0,8
1984	+ / – 0	– 4,8	– 2,8	– 7,4	+ 9,3	+ 2,7	– 6,8	+ 0,5	– 4,6	+ 31,1	+ 8,8	– 8,4
1985	+ 4,5	+ 6,3	+ 3,9	+ 2,0	+ 6,7	+ 2,7	+ 2,0	+ 14,4	+ 0,9	+ 31,9	+ 17,1	– 2,5
1986	– 4,3	– 3,9	+ 1,2	+ 3,3	– 0,8	+ / – 0	+ 9,8	+ 18,6	+ 12,6	+ 15,2	+ 15,5	– 7,2
1987	– 2,3	– 1,7	– 0,2	+ 2,4	– 2,4	– 1,0	– 2,7	– 1,1	+ 8,9	+ 20,6	– 9,3	– 3,8
1988	– 4,7	+ 2,8	+ 0,7	– 5,3	+ 4,1	– 5,0	+ 7,0	+ 18,8	+ 13,3	+ 17,7	+ 22,7	– 1,4

Tabelle 4: **Aufklärungsquoten**

	Mord / Totschlag	Raub / räub. Erpressung / räub. Angriff auf Kraftf.	Gefähr. / schwere / einfache Körperv.	Diebstahl unter / ohne erschw. Umstände/n	Betrug / Untreue / Unterschlg.	Begünst. / Strafvereitelung / Hehlerei	Urkundenfälsch.	Wirtsch.-delikte strafr. Nebengs.	BtMG	Umweltdelikte StGB	Straft. AuslG / AsylverfG	Straft. WaffenG / Kriegswf.-kontrollG
1979	95,4	52,7	94,5	29,5	93,1	100,3	94,2	99,0	95,3	72,4	99,9	94,3
1980	95,8	53,0	88,3	28,9	92,7	100,3	94,0	99,2	95,1	73,9	99,8	95,8
1981	95,4	52,3	88,0	29,3	93,2	100,0	93,8	99,2	95,0	71,6	99,9	94,1
1982	96,1	50,3	88,4	29,9	93,0	100,4	92,8	99,4	95,3	69,5	99,9	93,9
1983	95,1	49,8	88,6	29,0	92,9	99,9	93,2	99,6	94,9	71,1	99,7	94,3
1984	94,4	49,9	88,6	30,5	92,2	99,8	93,5	99,5	94,7	71,5	99,6	94,4
1985	95,2	50,0	88,7	35,7	91,7	98,9	93,8	99,4	94,4	74,7	99,8	94,0
1986	94,0	48,4	88,3	29,1	90,4	98,9	93,6	98,5	94,3	76,0	99,9	93,5
1987	94,1	47,5	88,4	27,8	89,1	99,5	93,4	98,4	94,5	74,9	99,9	93,7
1988	94,5	46,4	88,4	28,7	88,5	99,1	94,5	95,6	94,5	76,0	99,6	93,3

Tabelle 5: **Prozentualer Anteil der nichtdeutschen Tatverdächtigen an der jeweiligen Gesamtzahl der Tatverdächtigen bei einzelnen Deliktsgruppen**

	Mord / Tot-schlag	Raub / räub. Er-pressung / räub. Angriff auf Kraftf.	Gefähr. / schwere / einfache Körperv.	Diebstahl unter / ohne erschw. Umstände/n	Betrug / Untreue / Unter-schlg.	Begünst. / Strafver-eitelung / Hehlerei	Urkunden-fälsch.	Wirtsch.-delikte strafr. Nebengs.	BtMG	Umwelt-delikte StGB	Straft. AuslG / AsylverfG	Straft. WaffenG / Kriegswf.-kontrollG
1984	21,7	18,4	15,4	14,4	12,1	13,3	26,6	10,9	17,6	10,9	94,3	10,2
1985	23,0	20,6	16,2	15,8	12,2	15,8	29,5	9,5	18,4	9,0	95,9	10,6
1986	22,4	22,8	17,3	17,6	12,8	17,9	33,3	10,3	19,8	8,9	96,0	11,4
1987	25,8	26,0	18,6	19,3	13,4	20,3	36,5	13,8	20,2	8,0	95,5	12,5
1988	25,0	27,3	19,3	20,7	14,8	22,3	44,9	13,9	20,7	8,7	94,6	13,8

Tabelle 6: **Prozentuale Verteilung der nichtdeutschen Tatverdächtigen nach Art und Anlaß ihres Aufenthaltes**

	Nichtdeutsche Tatverdächtige							
	illegal	legal						
		insgesamt	davon					
			Arbeitnehmer / Gewerbe-treibender	Student / Schüler	Stationierungs-streitkräfte / Angehörige	Tourist / Durchreisender	Asylbewerber	Sonstige
1984	13,6	86,4	36,2	14,7	4,5	6,7	7,7	16,6
1985	14,8	85,2	33,7	13,4	4,1	7,2	9,9	16,9
1986	13,5	86,5	31,4	12,0	3,8	7,1	15,5	16,7
1987	10,4	89,6	30,8	11,9	3,7	7,6	17,1	18,5
1988	11,0	89,0	28,8	11,0	3,2	8,7	18,4	18,9

Tabelle 7

Grenzaufgriffe an gesamten Außengrenzen und Grenzaufgriffe an den Außengrenzen im Zuständigkeitsbereich der Schengener Grenzschutzämter

	gesamte Außengrenzen	Außengrenzen im Zuständigkeitsbereich der Grenzschutzämter Emden, Kleve, Aachen, Saarbrücken, Weil a. R.			
		insgesamt	davon		
			Deutsche	EG-Ausländer	Drittausländer
1980	86 086	37 178	20 953	5 815	10 410
1981	92 805	41 457	21 580	6 804	13 073
1982	89 200	41 518	23 611	7 921	9 986
1983	87 371	38 536	22 685	7 180	8 671
1984	95 836	38 895	23 172	6 648	9 075
1985	103 788	37 965	20 561	6 025	10 756
1986	95 988	32 095	18 067	6 022	8 006
1987	85 023	30 033	15 832	5 337	8 864
1988	96 308	29 350	14 083	5 260	10 007
1. Hj 1989	52 329	14 159	6 820	2 052	5 287

Tabelle 8: **Prozentuale Anteile**

	gesamte Außengrenzen	Außengrenzen im Zuständigkeitsbereich der Grenzschutzämter Emden, Kleve, Aachen, Saarbrücken, Weil a.R.			
		insgesamt	davon		
			Deutsche	EG-Ausländer	Drittausländer
1980	100,0	43,19	56,36	15,62	28,00
1981	100,0	44,67	52,05	16,41	31,53
1982	100,0	46,54	56,87	19,08	24,05
1983	100,0	44,11	58,87	18,63	22,50
1984	100,0	40,58	59,58	17,09	23,33
1985	100,0	36,58	54,16	15,87	28,33
1986	100,0	33,44	56,29	18,76	24,94
1987	100,0	35,32	52,72	17,77	29,51
1988	100,0	30,48	47,98	17,92	34,10
1. Hj 1989	100,0	27,06	48,17	14,49	37,34

Tabelle 8a: **Prozentualer Anteil der Grenzaufgriffe auf Flughäfen und -plätzen an den Grenzaufgriffen insgesamt**

1980	10,75
1981	8,07
1982	7,55
1983	5,70
1984	5,37
1985	6,21
1986	7,52
1987	11,10
1988	16,50
1. Hj 1989	28,73

Tabelle 9: **Aufgriffe an den gesamten Außengrenzen nach Deliktsgruppen**

	Staatsschutz	wider das Leben	BtMG	Waffen Sprengstoff	Eigentum Vermögen	Urkunden	Paß	Ausländer
1980	3 096	339	8 426	654	8 554	6 232	1 500	26 480
1981	2 197	424	9 045	1 031	8 281	6 583	1 782	30 116
1982	2 595	336	9 216	1 404	9 574	5 952	1 991	21 185
1983	2 753	418	10 429	1 615	10 285	5 119	1 432	20 149
1984	3 278	379	12 950	1 701	10 579	5 798	1 105	27 467
1985	2 957	308	10 019	1 186	10 773	7 514	1 068	38 319
1986	2 939	366	7 159	558	10 967	8 762	887	34 029
1987	2 922	310	6 482	500	11 123	10 265	980	24 333
1988	2 936	276	6 518	437	11 742	13 332	252	31 038
1. Hj 1989	1 186	153	3 877	191	6 159	11 202	107	16 142

Tabelle 10: **Polizeilich bekanntgewordene Delikte allgemeiner, nicht grenzgemachter Delinquenz und entsprechende Grenzaufgriffe an den gesamten Außengrenzen**

	Staatsschutz		wider das Leben		BtMG		Waffen, Sprengstoff		Eigentum, Vermögen	
	Poliz. bekannt	Grenz-aufgriffe	Poliz. bekannt	Grenz-aufgriffe	Poliz. bekannt	Grenz-aufgriffe	Poliz. bekannt	Grenz-aufgriffe	Poliz. bekannt	Grenz-aufgriffe
1980	9 078	3 096	2 705	339	62 395	8 426	30 452	654	3 083 837	8 554
1981	16 545	2 197	2 940	424	61 802	9 045	22 839	1 031	3 331 979	8 281
1982	14 364	2 595	3 012	336	63 002	9 216	22 520	1 404	3 524 585	9 674
1983	14 766	2 753	2 730	418	63 742	10 429	22 248	1 615	3 568 590	10 285
1984	13 093	3 278	2 722	379	60 588	12 950	20 420	1 701	3 369 432	10 579
1985	12 479	2 957	2 778	308	60 941	10 019	19 904	1 186	3 429 426	10 773
1986	14 696	2 939	2 702	366	68 694	7 159	19 150	558	3 540 754	10 967
1987	16 617	2 922	2 632	310	74 894	6 482	18 328	500	3 620 475	11 123
1988	11 931	2 936	2 518	276	84 998	6 518	18 123	437	3 498 074	11 742

Tabelle 11: **Aufgriffe an Außengrenzen zu schengener Vertragspartnern nach Delikten**

Delikt / Jahr	Staatsschutz	Delikte wider das Leben	BtMG	Waffen, Sprengstoff	Eigentums- und Vermögens-delikte	Urkunden-delikte	PaßG	Ausl. G
1980	901	145	6 317	358	4 535	2 851	1 102	6 923
1981	514	193	7 142	642	3 322	3 722	1 260	9 051
1982	699	164	7 286	1 016	4 931	2 437	1 485	5 151
1983	700	178	8 392	1 228	5 098	1 457	961	4 281
1984	778	186	10 446	1 348	5 409	1 543	730	4 686
1985	878	139	8 007	862	5 365	2 816	619	5 455
1986	828	187	5 323	301	5 282	1 152	475	4 659
1987	910	177	4 688	265	5 107	1 554	547	5 336
1988	762	85	4 357	242	4 349	1 552	143	5 776
1. Hj 1989	233	46	2 218	83	2 208	615	51	3 043

Tabelle 12

Grenzaufgriffe pro 100 000 Grenzübertritte

	gesamte Außengrenzen	Außengrenzen im Zuständigkeitsbereich der Grenzschutzämter Emden, Kleve, Aachen, Saarbrücken, Weil a.R.
1980	9,53	7,41
1981	10,59	8,58
1982	10,13	8,63
1983	10,01	8,57
1984	10,89	8,12
1985	11,83	7,95
1986	10,52	6,82
1987	8,94	6,10
1988	9,64	5,73
1. Hj 1989	10,63	5,60

Tabelle 13

Grenzaufgriffe pro 100 000 Grenzübertritte bei allgemeiner, nicht grenzgemachter Delinquenz

	gesamte Außengrenzen		Außengrenzen im Zuständigkeitsbereich der Grenzschutzämter Emden, Kleve, Aachen, Saarbrücken, Weil a. R.	
	absolute Zahlen	Aufgriffsziffer	absolute Zahlen	Aufgriffsziffer
1980	21 078	2,33	12 256	2,50
1981	20 978	2,40	11 183	2,31
1982	23 225	2,64	14 096	2,93
1983	25 500	2,92	15 596	3,26
1984	28 887	3,28	18 167	3,79
1985	25 243	2,88	15 251	3,19
1986	21 981	2,41	11 921	2,53
1987	21 337	2,24	11 147	2,26
1988	21 909	2,19	9 795	1,91
1. Hj 1989	11 566	2,35	4 788	1,89

Tabelle 14: **Aufschlüsselung nach Art der Kontrollmaßnahmen bei der Ausreise über die Außengrenzen im Zuständigkeitsbereich der Schengener Grenzschutzämter**

	Fahndungsmäßige Überprüfung von Reisenden			Kontrolle der Grenzübertrittspapiere			Vorzeigen der Grenzübertrittspapiere			Sichtkontrolle		
	1. Hj 1988	2. Hj 1988	1. Hj 1989	1. Hj 1988	2. Hj 1988	1. Hj 1989	1. Hj 1988	2. Hj 1988	1. Hj 1989	1. Hj 1988	2. Hj 1988	1. Hj 1989
Emden	3,1	3,0	3,7	7,1	7,0	7,5	7,6	8,6	9,0	35,6	35,9	35,5
Kleve	1,2	1,0	0,5	7,6	3,0	3,0	3,0	7,0	1,5	31,3	30,0	15,0
Aachen	1,3	1,1	0,9	6,7	6,7	4,3	10,9	11,9	6,9	66,2	59,8	48,9
Saarbrücken	2,8	1,7	1,8	12,4	11,8	9,9	16,7	14,2	13,8	54,1	52,5	50,7
Weil a.R.	2,0	1,5	1,4	10,8	7,0	7,1	11,3	8,1	9,0	28,9	31,0	25,9

Tabelle 15: **Aufschlüsselung nach Art der Kontrollmaßnahmen bei der Ausreise über die Außengrenzen im Zuständigkeitsbereich der übrigen Grenzschutzämter**

	Fahndungsmäßige Überprüfung von Reisenden			Kontrolle der Grenzübertrittspapiere			Vorzeigen der Grenzübertrittspapiere			Sichtkontrolle		
	1. Hj 1988	2. Hj 1988	1. Hj 1989	1. Hj 1988	2. Hj 1988	1. Hj 1989	1. Hj 1988	2. Hj 1988	1. Hj 1989	1. Hj 1988	2. Hj 1988	1. Hj 1989
Flensburg	0,5	1,0	1,6	5,0	9,3	10,7	22,0	20,5	16,7	25,0	10,2	14,4
Konstanz	2,0	2,5	2,4	16,1	20,9	17,6	17,9	20,7	18,6	46,3	46,0	43,77
Frankfurt / M.	10,0	12,0	9,0	54,0	55,0	58,0	19,0	15,0	25,0	7,0	3,0	3,0
Braunschweig	4,5	4,2	4,0	24,9	27,8	25,5	11,8	13,0	12,0	18,5	19,5	18,2
WSP Hamburg	6,2	8,7	5,3	87,3	85,9	90,0	1,2	0,6	0,4	/	/	/
WSP Bremen	7,5	9,9	7,4	3,2	3,4	6,4	/	0,1	0,4	88,0	84,8	84,9
Bayerische GP	4,7	4,3	4,2	34,2	26,4	40,0	26,9	28,0	27,2	27,1	32,0	28,7

Tabelle 16: **Aufschlüsselung nach Art der Kontrollmaßnahmen bei der Einreise über die Außengrenzen im Zuständigkeitsbereich der Schengener Grenzschutzämter**

	Fahndungsmäßige Überprüfung von Reisenden			Kontrolle der Grenzübertrittspapiere			Vorzeigen der Grenzübertrittspapiere			Sichtkontrolle		
	1. Hj 1988	2. Hj 1988	1. Hj 1989	1. Hj 1988	2. Hj 1988	1. Hj 1989	1. Hj 1988	2. Hj 1988	1. Hj 1989	1. Hj 1988	2. Hj 1988	1. Hj 1989
Emden	5,6	4,5	5,2	10,1	9,5	9,1	13,5	15,4	12,3	55,6	52,0	55,3
Kleve	4,0	4,0	2,0	7,9	9,0	4,0	6,8	7,0	6,0	80,2	79,.0	80,0
Aachen	2,1	2,1	1,8	10,6	10,7	8,0	18,2	20,3	14,0	67,6	63,6	65,8
Saarbrücken	3,4	2,6	2,8	15,8	14,8	13,2	19,0	16,9	16,4	54,2	51,5	52,9
Weil a.R.	3,6	3,0	2,6	20,4	17,7	16,4	16,4	11,7	12,3	55,3	62,1	60,3

Tabelle 17: **Aufschlüsselung nach Art der Kontrollmaßnahmen bei der Einreise über die Außengrenzen im Zuständigkeitsbereich der übrigen Grenzschutzämter**

	Fahndungsmäßige Überprüfung von Reisenden			Kontrolle der Grenzübertrittspapiere			Vorzeigen der Grenzübertrittspapiere			Sichtkontrolle		
	1. Hj 1988	2. Hj 1988	1. Hj 1989	1. Hj 1988	2. Hj 1988	1. Hj 1989	1. Hj 1988	2. Hj 1988	1. Hj 1989	1. Hj 1988	2. Hj 1988	1. Hj 1989
Flensburg	2,0	2,1	2,3	17,0	13,4	18,9	56,0	37,1	29,8	20,0	39,8	42,2
Konstanz	3,3	3,5	3,7	33,7	33,2	34,2	29,2	27,9	28,6	30,1	32,9	29,8
Frankfurt / M.	12,0	11,0	11,0	54,0	62,0	61,0	27,0	24,0	25,0	7,0	3,0	3,0
Braunschweig	4,3	3,8	4,0	26,8	29,7	28,3	12,5	13,2	12,5	18,6	17,0	17,8
WSP Hamburg	20,8	22,0	21,8	74,8	72,0	73,6	1,0	2,2	0,6	/	/	/
WSP Bremen	54,8	44,1	42,7	8,4	9,6	14,5	/	0,8	0,7	36,0	44,1	41,5
Bayerische GP	4,7	4,2	4,3	33,7	31,9	31,3	30,7	27,6	28,3	22,3	26,7	26,8

Tabelle 18: **Aufgriffsmaßnahmen nach Art und nach Delikten**

	Festnahme, Ingewahrsamnahme, Aufenthaltsermittlung					Überwachung und sonstige Maßnahmen				
	Staatsschutz	wider das Leben	BtMG	Waffen, Sprengstoff	Eigentum, Vermögen	Staatsschutz	wider das Leben	BtMG	Waffen, Sprengstoff	Eigentum, Vermögen
1980	78	312	1 703	163	6 377	3 072	19	5 349	199	2 019
1981	146	398	2 169	189	6 228	2 028	36	4 871	159	1 922
1982	93	313	2 285	147	6 460	2 593	28	4 787	218	2 709
1983	63	379	2 318	138	6 957	2 654	44	5 491	306	3 067
1984	66	317	2 947	181	7 323	3 187	55	6 448	283	3 042
1985	56	269	1 497	143	6 890	2 939	50	5 452	233	3 694
1986	65	233	1 526	127	7 237	2 893	48	4 867	120	3 387
1987	68	275	1 426	116	7 161	2 853	26	4 484	115	3 684
1988	77	234	1 359	98	7 700	2 888	47	4 858	118	3 739
1. Hj 1989	23	132	809	63	3 941	1 190	14	2 676	62	1 620

Tabelle 19: **Prozentualer Anteil der Initiativaufgriffe an den Aufgriffen an den gesamten Außengrenzen nach Deliktsgruppen**

	Staatsschutz	wider das Leben	BtMG	Waffen Sprengstoff	Eigentum Vermögen	Urkunden	Paß	Ausländer
1980	5,67	6,19	43,08	67,58	8,96	92,57	96,06	81,42
1981	8,01	5,89	54,20	83,60	7,51	92,92	95,39	89,29
1982	8,82	4,46	53,91	89,45	9,17	91,49	97,08	87,40
1983	6,35	6,22	51,26	84,44	8,80	88,47	96,08	86,04
1984	6,92	10,29	49,69	86,12	15,19	89,59	94,29	90,42
1985	5,14	7,14	43,89	79,00	9,36	90,07	94,75	92,94
1986	6,66	6,55	23,48	68,18	9,86	90,88	95,82	91,34
1987	8,31	14,19	24,45	68,60	11,77	89,52	95,61	87,15
1988	7,05	10,86	18,07	69,56	16,10	93,44	74,60	87,48
1. Hj 1989	10,28	9,15	16,43	54,97	13,99	94,40	57,00	82,58

Tabelle 20: **Prozentualer Anteil der Initiativaufgriffe an den Aufgriffen an den gesamten Außengrenzen der Schengener Grenzschutzämter nach Deliktsgruppen**

	Staatsschutz	wider das Leben	BtMG	Waffen Sprengstoff	Eigentum Vermögen	Urkunden	Paß	Ausländer
1985	1,25	7,90	47,79	80,51	7,47	50,74	92,24	66,15
1986	3,38	5,88	27,01	73,42	7,66	77,86	91,78	78,53
1987	2,41	13,55	27,11	73,20	7,94	68,27	92,32	72,58
1988	5,38	15,29	20,26	68,59	9,77	73,13	65,73	73,71
1. Hj 1989	7,72	10,86	18,89	61,44	8,87	62,76	72,54	71,40

Tabelle 21: **Aufgriffsmaßnahmen bei der Bekämpfung arbeitsrechtlicher Wirtschaftsdelikte**

	gesamte Außengrenzen			Außengrenzen im Zuständigkeitsbereich der Schengener Grenzschutzämter		
	Festnahme, Überwachung	Strafanzeige	Bericht zur Überprüfung des Beschäftigungs-verhältnisses	Festnahme, Überwachung	Strafanzeige	Bericht zur Überprüfung des Beschäftigungs-verhältnisses
1984	265	88	769	4	52	412
1985	117	128	507	8	44	214
1986	56	90	559	3	20	216
1987	218	130	568	2	16	83
1988	55	189	334	9	33	90

Literaturverzeichnis

Alderson, John: Are Border Controls Necessary?, in Breber et al. 1988 S. 303 - 308.

Alex, Michael: Konflikte zwischen Polizei und Bevölkerung im Rollenverständnis von angehenden Polizeibeamten, in: Kriminologisches Journal, 1980, S. 257ff.

Amelung, Knut: Rechtsgüterschutz und Schutz der Gesellschaft, 1972.

Ammer, Andreas: Kriminalität in Landau. Analyse und (Re)Konstruktion des Kriminalitätsbildes einer Kleinstadt mit hoher Kriminalitätsbelastung, 1990.

Arnold / Teske / Korinek / László: Viktimisierung, Verbrechensfurcht und Einstellungen zur Sozialkontrolle in Ost und West, in: Kaiser, Günther / Kury, Helmut / Albrecht, Hans-Jörg (Hrsg.) Kriminologische Forschung in den 80er Jahren, 1988, Bd. 35/2, S. 909ff.

Arzt, Gunther: Ursachen und Folgen der Kriminalitätsfurcht, in: Juristische Blätter 100, 1978, 173ff.

Bericht der Arbeitsgruppe der ständigen Konferenz der Innenenminister und -senatoren zur Prüfung von Ausgleichsmaßnahmen für den Abbau der Personenkontrollen an den Binnengrenzen der EG vom 3. 10. 1984.

Bericht der EG-Kommission über die Abschaffung der Personenkontrollen an den innergemeinschaftlichen Grenzen vom 16. 1. 1989 KOM (88) 640.

Besk, Hubert: „Sicherheitsgesetze" contra Risikogesellschaft oder: Durchstarten zum Sicherheitsstaat?, in: KJ 1989, S. 243ff.

Boeden, Gerhard: Podiumsgespräch Möglichkeiten und Grenzen der internationalen Verbrechensbekämpfung – unter Berücksichtigung der Europapolitik, in: Internationale Verbrechensbekämpfung – Europäische Perspektiven, Arbeitstagung des BKA vom 5. - 8. 11. 1984, BKA-Vortragsreihe Bd. 30, S. 231ff.

— Die Rahmenbedingungen polizeilichen Handelns und polizeilicher Erfolg, in: BKA-Sonderband, Der polizeiliche Erfolg, 1988, S. 67 ff.

Boge, Heinrich: Die internationale Verbrechensbekämpfung – Lage und Perspektiven, in: Internationale Verbrechensbekämpfung – Europäische Perspektiven, Arbeitstagung des BKA vom 5. - 8. 11. 1984, BKA-Vortragsreihe Bd. 30, S. 49ff.

— Interview zum Thema: „Welche Konsequenzen ergeben sich aus dem Abbau der Binnengrenzen in Europa für die Verbrechensbekämpfung?", in: Hessische Polizeirundschau 1989, S. 3ff.

— BKA: Motor der Zusammenarbeit. Internationalisierung des Verbrechens – Internationalisierung der Verbrechensbekämpfung, in: Kriminalistik 1987, S. 413.

Braun, Hans: Soziales Handeln und soziale Sicherheit: Alltagstechniken und gesellschaftliche Strategien, Frankfurt a. M., 1978.

Breber / Dehousse / Pinder / Weiler (Eds), 1992: One Market? A Critical Analysis of the Commission's Internal Market Strategy, 1988.

Buergenthal, Thomas: To Respect and to Ensure: State Obligations and Permissible Derogations, in: L. Henkin (Hrsg.) The international bill of rights, New York, 1981, S. 72ff.

Burghard, Waldemar: Kommentar: Schöne Aussichten, in: Kriminalistik 1989, S. 342.

Buschlinger, Gerold: Der Anspruch auf polizeiliches Einschreiten aus verfassungsrechtlicher Sicht, in: DÖV 1965, S. 374ff.

Cicero, Marcus Thullius: De re publica.

Der Spiegel: „Big Brother ersetzt den Zöllner" Nr. 28 vom 10. 7. 1989, S. 27ff.

Dienstein: in: L. Henken, The international bill of rights, New York 1981, S. 144ff.

Durkheim, Emile: Regeln der sozialistischen Methode, übersetzt ins Deutsche, 1970, nach: Les règles de la méthode sociologique, Paris, 1947.

Garofalo, James: Victimization and the fear of crime, in: Journal of Research and Crime and Delinquency 16 (1979), S. 80 - 97.

Garofalo, James / *Hindelang,* Michael-J. / *Gottfredson,* Michael-R.: Victims of personal crime: An empirical foundation for a theory of personal victimization, Cambridge, Massachussets, 1978.

Gröbl, Harald: 1992: Offene Grenzen und was dann?, in: Die neue Polizei 1989, S. 81ff.

Hassemer, Winfried: Die „Funktionstüchtigkeit der Strafrechtspflege" – ein neuer Rechtsbegriff?, in: StV, 1982, S. 275ff.

Heinz, Wolfgang: Polizei und Justiz, in: BKA-Vortragsreihe, 1976, S. 93ff.

Henke, Wilhelm: Das subjektive öffentliche Recht auf Eingrifen der Polizei, in: DVB 1964, S. 649ff.

Hindelang / Gottfredson / Garofalo: Victims of personal crimes, Cambridge/Mass. 1978.

Hobbes, Thomas: De cive, 1647.

Hoefnagels: The other side of criminology, 1973.

Ingenerf, Peter: Das Schengener Abkommen – Eine kritische Betrachtung aus der Sicht einer Polizeibehörde im Grenzraum, in: Kriminalistik 1989, S. 341ff.

Isensee, Josef: Das Grundrecht auf Sicherheit: Zu den Schutzpflichten des freiheitlichen Verfassungsstaates, 1983.

Jakobs, Francis G.: The European Convention on Human Rights, 1975.

Kaiser, Günther: Kriminologie, 1983.

Kaufmann, Franz-Xaver: Sicherheit als soziologisches und sozialpolitisches Phänomen. Untersuchung zu einer Wertidee hochdifferenzierter Gesellschaften, 2. Aufl., 1973.

Kerner, Hans-Jürgen: Verbrechenswirklichkeit und Strafverfolgung: Erwägungen zum Aussagewert der Kriminalstatistik, München, 1973.

— Straftatenklassifizierung und Gewichtung, in: BKA-Forschungsreihe, 1977.

— Kriminalitätseinschätzung und innere Sicherheit: Eine Untersuchung über die Beurteilung der Sicherheitslage und über das Sicherheitsgefühl in der BRD mit vergleichenden Betrachtungen zur Situation im Ausland, in: BKA-Forschungsreihe, Bd. 11, 1980.

— Verbrechensfurcht und Viktimisierung, in: Haesler, Walter T. (Hrsg.), Viktimologie, 1986, S. 131ff.

Krauß, Detlef: Sicherheitsstaat und Strafverteidigung, in: StV 1989, S. 315ff.

Krüger: Ländergrenzen übergreifend, in: DNP 1988 (Editorial) S. 518.

Krüger, Ralf: Interview zum Thema: „Was erwarten Sie von 1992 für die Kriminalitätsentwicklung"?, in: Hessische Polizeirundschau 1989, S. 6.

Kube: Systematische Kriminalprävention, BKA-Forschungsreihe Sonderband 1986.

Kühne, Hans-Heiner: Strafverfahrensrecht als Kommunikationsproblem: Prolegomena einer strafverfahrensrechtlichen Kommunikationstheorie, Heidelberg, 1978.

— Der Beweiswert von Zeugenaussagen, in: NStZ 1985, S. 252ff.

— Scheckkarte adé! Lagebeurteilung mit Hilfe der Elektronik. Rechnergesteuerte Kriminalgeographie: Ein Experiment in Trier, in: Kriminalistik 1988, S. 62.

Kury, Helmut (Hrsg.): Prävention abweichenden Verhaltens – Maßnahmen der Vorbeugung und Nachbetreuung, Köln 1982 (Interdisziplinäre Beiträge zur kriminologischen Forschung, 3).

Locke, John: Two treaties of government, 1690.

Lüderssen, Klaus: Kriminologie: Einführung in die Probleme, 1984.

Maaß, Harald: Keimzelle einer „Euro-Kripo"? Erfahrungen mit dem Europäischen Regionalsekretariat (EuSec) und dem Technischen Komitee für die Zusammenarbeit in Europa (TCE), in: Kriminalistik 1987, S. 431.

Merten, Detlef (Hrsg.): Föderalismus und Europäische Gemeinschaften unter besonderer Berücksichtigung von Umwelt- und Gesundheit, Kultur und Bildung, 1990.

Murck, Manfred: Die Angst vor Verbrechen und die Einstellungen zu Problemen der öffentlichen Sicherheit, in: Kriminologisches Journal, 1978, S. 202ff.

Peukert, Wolfgang: in: Frowein / Peukert, Europäische Menschenrechtskonvention: EMRK-Kommentar, 1985.

Plate, Monika / *Schneider,* Hans: Schwereeinschätzung von Gewalthandlungen. BKA-Forschungsreihe, Sonderband, 1989.

Referat „Nationales Zentralbüro-Interpol/Allg. Auslandsangelegenheiten" des BKA. EKA: Ein Kriminalamt für Europa, in: Kriminalistik 1987, S. 424ff.

Roxin, Klaus: Franz von Liszt und die kriminalpolitische Konzeption des Alternativentwurfs, in: ZStW, Bd. 81, 1969, S. 613ff.

Rupprecht, Reinhard: Wettlauf der Schnecken – Probleme und Konsequenzen des Abbaus von Grenzkontrollen, in: Kriminalistik 1989, S. 263ff.

Sack, Fritz, in: Koenig, Réné (Hrsg.), Handbuch der empirischen Sozialforschung, 2. Aufl., Bd. 12, 1970, S. 339.

Scheerer, Sebastian: Die Reproduktion des Bekämpften, in: StV 1989, S. 80ff., aus: Amelung, Knut / Hassemer, Winfried / Rudolphi, Hans-Joachim / Scheerer, Sebastian, Stellungnahme zum Artikelgesetz, StV 1989, S. 72ff.

Schmidt-Nothen, Rainer: Der lange Marsch durch viele Konferenzen. Es gibt noch viel zu tun: Verträge und Abkommen, die dem Kampf gegen das Verbrechen dienen, in: Kriminalistik 1987, S. 406ff.

Schneider, Hans-Joachim: Kriminologie, 1987.

Schreiber, Manfred: Abschaffung der Grenzkontrollen in Europa? Tendenzen – mögliche Auswirkung und Auffangmaßnahmen, in: Internationale Verbrechensbekämpfung - Europäische Perspektiven-Arbeitstagung des BKA vom 5. - 8. 11. 1984, BKA-Vortragsreihe Bd. 30, S.77ff. und Die neue Polizei 1985, S. 56ff. (zitiert nach letzterer Fundstelle).

Schwind, Hans-Dieter: Dunkelfeldforschung in Bochum: 1975 und 1986, in: Kaiser, Günther / Kury, Helmut / Albrecht, Hans-Jörg, Kriminologische Forschung in den 80er Jahren, 1988, Bd. 35/2, S. 943ff.

Schwind, Hans-Dieter u. a. (Hrsg.): Praeventive Kriminalpolitik: Beitrag zur ressortübergreifenden Kriminalprävention aus Forschung, Praxis und Politik, Heidelberg 1980.

Schwind, Hans-Dieter / *Ahlborn,* Wilfried / *Weiß,* Rüdiger: Empirische Kriminalgeographie, BKA-Forschungsreihe Bd. 8, 1978.

— Dunkelfeldforschung in Bochum 1986, 1987, BKA-Forschungsreihe Bd. 21, 1989.

Sessar, Klaus / *Beurskens,* Andreas / *Boers,* Klaus: Wiedergutmachung als Konfliktregelungsparadigma, in: KJ 1986, S. 86ff.

Smith, Adam: An inquiry into the nature and causes of the wealth of nations, 1676.

Stäer, Christian: Personenkontrollen an den europäischen Binnengrenzen und ihr Abbau, 1990.

Stefan, Egon: Die Stuttgarter Opferbefragung: Eine kriminologisch-viktimologische Analyse zur Erforschung des Dunkelfeldes unter besonderer Berücksichtigung der Einstellung der Bevölkerung zur Kriminalität, in: BKA-Forschungsreihe, Bd. 3, 1976.

Steffen, Wiebke: Sicherheitsgefühl und symbolische Effizienz, in: BKA (Hrsg.), Symposium: Der polizeiliche Erfolg, 1988, S. 39ff.

Stein, Torsten: Innere Sicherheit im Europa ohne Grenzen, Vortrag in der Hanns-Seidel Stiftung, 1990.

— Europäische Integration und nationale Reservate, in Merten 1990, S. 91 - 107.

Stümper, Alfred: Neue Dimensionen der internationalen polizeilichen Zusammenarbeit?, in: Sonderdokumentation des BDK zur internationalen Verbrechensbekämpfung, Bundesvorstand Berlin, Europol, 1989, S. 11ff.

— Keine EG-Sicherheitsharmonisierung – Ein Plädoyer für den Polizeiattaché, in: Kriminalistik 1988, S. 306ff.

Tätigkeitsbericht des BGS 1980 - 1989.

Trechsel, Stefan: Die EMRK, ihr Schutz der persönlichen Freiheit und die schweizerischen Strafprozeßrechte, 1974.

— Die Garantie der persönlichen Freiheit (Art. 5 EMRK) in der Straßburger Rechtsprechung, in: EuGRZ 1980, S. 514ff.

Topmann, Günther: Podiumsgespräch Möglichkeiten und Grenzen der internationalen Verbrechensbekämpfung - unter Berücksichtigung der Europapolitik, in: Internationale Verbrechensbekämpfung - Europäische Perspektiven, Arbeitstagung des BKA vom 5. - 8. 11. 1984, BKA-Vortragsreihe Bd. 30, S. 231ff.

Tyler, John: Drawing interferences from experiences. The effect of crime victimization, experiences on crime-related attitudes and behaviours ..., Los Angeles, Diss. 1978.

Villmow, Bernhard: in: BKA-Sonderband, Straftatenklassifizierung und Gewichtung, Wiesbaden, 1977, Schwereeinschätzung von Delikten, S. 64ff.

— Die Einstellung des Opfers zu Tat und Täter, in: Kirchhoff Gerd-F. / Sessar, Klaus, Das Verbrechensopfer: Ein Reader zur Viktimologie, 1979, S. 199.

Voyke, Wickhard: EG-Europa und die innere Sicherheit, in: IPA-aktuell 1989, S. 2ff.

Walter, Bernd: Europäischer Enthusiasmus. Grenzüberschreitende Kriminalität im Spannungsfeld zwischen Kontrolle und Liberalisierung des Grenzverkehrs, in: Kriminalistik 1989, S. 66ff.

Weis, J. G.: Crime Statistics: Reporting Systems and Methods, 1983.

Willkommen, Dieter: Es beginnt bei der Unfallflucht. Internationale Rechtshilfe in Strafsachen: Gesetze, Verträge, Geschäftswege - ein Überblick, in: Kriminalistik 1987, S. 466ff.

Wilke, Axel: Vollendung des EG Binnenmarktes und Asylrecht, in: ZRP 1989, 225.

Anhang

Das sogenannte ‚Schengener Abkommen' vom 14. Juni 1985

Übereinkommen zwischen den Regierungen der Staaten der Benelux-Wirtschaftsunion, der Bundesrepublik Deutschland und der Französischen Republik betreffend den schrittweisen Abbau der Kontrollen an den Gemeinsamen Grenzen

Die Regierungen des Königreichs Belgien, der Bundesrepublik Deutschland, der Französischen Republik, des Großherzogtums Luxemburg und des Königreichs der Niederlande,

nachstehend Vertragsparteien genannt –

in dem Bewußtsein, daß die immer engere Union zwischen den Völkern der Mitgliedstaaten der Europäischen Gemeinschaften ihren Ausdruck im freien Überschreiten der Binnengrenzen durch alle Angehörigen der Mitgliedstaaten und im freien Waren- und Dienstleistungsverkehr finden muß;

in dem Bestreben, die Solidarität zwischen ihren Völkern dadurch zu bekräftigen, daß die Hindernisse für den freien Verkehr über die gemeinsamen Grenzen zwischen den Staaten der Benelux-Wirtschaftsunion, der Bundesrepublik Deutschland und der Französischen Republik aufgehoben werden;

unter Berücksichtigung der bereits innerhalb der Europäischen Gemeinschaften im Hinblick auf den freien Personen-, Waren- und Dienstleistungsverkehr verwirklichten Fortschritte;

getragen von dem Willen, an den gemeinsamen Grenzen die Abschaffung der Kontrollen für den Verkehr der Angehörigen der Mitgliedstaaten der Europäischen Gemeinschaft zu erreichen und den Waren- und Dienstleistungsverkehr zu erleichtern;

in dem Bewußtsein, daß die Durchführung dieses Übereinkommens Maßnahmen der Gesetzgebung erfordern kann, die den nationalen Parlamenten im Rahmen der jeweiligen Verfassungen der Unterzeichnerstaaten unterbreitet werden müssen;

gestützt auf die Erklärung des Europäischen Rates von Fontainebleau vom 25./26. Juni 1984 hinsichtlich der Abschaffung der Polizei- und Zollformalitäten an den Binnengrenzen für den Verkehr von Personen und Waren;

gestützt auf das am 13. Juli 1984 zwischen der Bundesrepublik Deutschland und der Französischen Republik in Saarbrücken geschlossene Abkommen;

gestützt auf die zum Abschluß des Treffens der Verkehrsminister der Benelux-Staaten und der Bundesrepublik Deutschland am 13. Mai 1984 in Neustadt/Aisch verabschiedeten Schlußfolgerungen;

gestützt auf das Memorandum der Regierungen der Benelux-Wirtschaftsunion vom 12. Dezember 1984, das den Regierungen der Bundesrepublik Deutschland und der Französischen Republik übermittelt worden ist –

sind wie folgt übereingekommen:

Titel I

Kurzfristig durchzuführende Maßnahmen

Artikel 1

Mit Inkrafttreten dieses Übereinkommens und bis zur völligen Abschaffung aller Kontrollen richten sich für Angehörige der Mitgliedstaaten der Europäischen Gemeinschaften die Formalitäten an den Grenzen zwischen den Staaten der Benelux-Wirtschaftsunion, der Bundesrepublik Deutschland und der Französischen Republik nach den folgenden Bedingungen.

Artikel 2

Im Personenverkehr führen die Polizei- und Zollbehörden ab 15. Juni 1985 im Regelfall eine einfache Sichtkontrolle der die gemeinsame Grenze mit verminderter Geschwindigkeit überquerenden Personenkraftfahrzeuge durch, ohne diese anzuhalten. Sie können jedoch durch Stichproben eingehendere Kontrollen vornehmen. Diese sollen möglichst außerhalb der Fahrspur erfolgen, so daß der Verkehrsfluß der anderen Fahrzeuge beim Grenzübertritt nicht unterbrochen wird.

Artikel 3

Um die Sichtkontrollen zu erleichtern, können die Angehörigen der Mitgliedstaaten der Europäischen Gemeinschaften, die in einem Kraftfahrzeug die gemeinsame Grenze überqueren wollen, an der Windschutzscheibe des Fahrzeugs eine grüne Scheibe von mindestens 8 cm Durchmesser vorzeigen. Diese Scheibe bedeutet, daß sie die grenzpolizeilichen Vorschriften einhalten, lediglich erlaubte Waren im Rahmen der Freigrenzen mit sich führen und die Devisenvorschriften einhalten.

Artikel 4

Die Vertragsparteien bemühen sich, den Aufenthalt an den gemeinsamen Grenzen bei der Kontrolle des gewerblichen Straßenpersonenverkehrs so kurz wie möglich zu halten. Die Vertragsparteien streben Lösungen an, die es erlauben, bei gewerblichen Personenbeförderungen auf der Straße bereits vor dem 1. Januar 1986 auf eine systematische Kontrolle des Fahrtenblattes und der Beförderungsgenehmigungen zu verzichten.

Artikel 5

Bis zum 1. Januar 1986 werden gemeinsame Kontrollstellen bei den nebeneinanderliegenden nationalen Grenzabfertigungsstellen eingerichtet, soweit dies nicht bereits geschehen ist, und in dem Maße, wie dies nach den räumlichen Gegebenheiten möglich ist. Anschließend wird geprüft, ob unter Berücksichtigung der örtlichen Verhältnisse an weiteren Übergängen gemeinsame Kontrollstellen eingeführt werden können.

Artikel 6

Die Vertragsparteien ergreifen – unbeschadet weitergehender Regelungen – die notwendigen Maßnahmen, um den Verkehr der Angehörigen der Mitgliedstaaten der Europäischen Gemeinschaften zu erleichtern, die in Gemeinden an den gemeinsamen Grenzen leben, um ihnen zu gestatten, die Grenzen außerhalb der zugelassenen Grenzübergangsstellen und außerhalb der Öffnungszeiten zu überschreiten.

Für den begünstigten Personenkreis gelten diese Vorteile nur, wenn die mitgeführten Waren innerhalb der Freigrenzen liegen und die geltenden Devisenbestimmungen beachtet werden.

Artikel 7

Die Vertragsparteien bemühen sich, so bald wie möglich ihre Sichtvermerkspolitik anzunähern, um mögliche negative Folgen bei der Erleichterung der Kontrollen an den gemeinsamen Grenzen auf dem Gebiet der Einreise und der Inneren Sicherheit zu vermeiden. Sie ergreifen – möglichst bis zum 1. Januar 1986 – die notwendigen Schritte bei der Anwendung ihrer Verfahren zur Sichtvermerkserteilung und der Einreiseerlaubnis, um so den Schutz der Gesamtheit der Hoheitsgebiete der fünf Vertragsparteien vor unerlaubter Einreise und vor Handlungen, die die innere Sicherheit beeinträchtigen können, sicherzustellen.

Artikel 8

Im Hinblick auf die Erleichterung der Kontrollen an den gemeinsamen Grenzen und unter Berücksichtigung der bedeutenden Unterschiede zwischen den Rechtsvorschriften in den Staaten der Benelux-Wirtschaftsunion, der Bundesrepublik Deutschland und der Französischen Republik verpflichten sich die Vertragsparteien, den illegalen Handel mit Betäubungsmitteln in ihren Hoheitsgebieten entschieden zu bekämpfen und ihre Aktionen in diesem Bereich wirksam zu koordinieren.

Artikel 9

Die Vertragsparteien verstärken die Zusammenarbeit zwischen ihren Zoll- und Polizeibehörden insbesondere im Kampf gegen Kriminalität, vor allem gegen den illegalen Handel mit Betäubungsmitteln und Waffen, gegen die unerlaubte Einreise und den unerlaubten Aufenthalt von Personen, gegen Steuer- und Zollhinterziehung sowie gegen Schmuggel. Zu diesem Zweck bemühen sich die Vertragsparteien im Rahmen ihres jeweiligen innerstaatlichen Rechts, den Austausch von Informationen zu verstärken, die für die anderen Vertragsparteien insbesondere im Kampf gegen die Kriminalität von Interesse sein könnten.

Die Vertragsparteien verstärken im Rahmen ihrer bestehenden nationalen Gesetze die gegenseitige Unterstützung im Hinblick auf illegale Kapitalbewegungen.

Artikel 10

Zur Sicherstellung der in den Artikeln 6, 7, 8 und 9 vorgesehenen Zusammenarbeit finden in regelmäßigen Abständen Zusammenkünfte der zuständigen Behörden der Vertragsparteien statt.

Artikel 11

Im grenzüberschreitenden Straßengüterverkehr verzichten die Vertragsparteien ab 1. Juli 1985 darauf, an den gemeinsamen Grenzen folgende Kontrollen systematisch durchzuführen:

- Kontrolle der Lenk- und Ruhezeiten (EG-Verordnung Nr. 543/69 des Rates vom 25. März 1969 über die Harmonisierung bestimmter Sozialvorschriften im Straßenverkehr und AETR);
- Kontrolle der Maße und Gewichte bei Nutzfahrzeugen; diese Regelung schließt nicht die Einführung automatischer Wiegesysteme zur stichprobenweisen Gewichtskontrolle aus;
- Kontrolle des technischen Zustands der Fahrzeuge.

Es werden Maßnahmen ergriffen, um Doppelkontrollen im Binnenland der Vertragsparteien zu vermeiden.

Artikel 12

Ab 1. Juli 1985 wird an den gemeinsamen Grenzen die Kontrolle der Dokumente, die zur Durchführung von genehmigungsfreien oder kontingentfreien Beförderungen im Rahmen gemeinschaftlicher oder bilateraler Vorschriften berechtigen, durch Stichprobenkontrolle ersetzt. Die Fahrzeuge, die Beförderungen nach diesen Regeln durchführen, sind beim Grenzübertritt durch das Anbringen eines entsprechenden sichtbaren Zeichens gekennzeichnet. Die Einzelheiten dieses Zeichens vereinbaren die zuständigen Behörden der Vertragsparteien miteinander.

Artikel 13

Die Vertragsparteien bemühen sich, bis zum 1. Januar 1986 das zwischen ihnen im grenzüberschreitenden Straßengüterverkehr geltende Genehmigungssystem mit dem Ziel der Vereinfachung, der Erleichterung und der Möglichkeit der Umstellung von Fahrtgenehmigungen auf Zeitgenehmigungen mit einer Sichtkontrolle beim Grenzübertritt zu verbessern.

Die Modalitäten der Umwandlung von Einzelfahrtgenehmigungen in Zeitgenehmigungen werden bilateral vereinbart, wobei der Bedarf des Straßengüterverkehrs der beteiligten Länder berücksichtigt wird.

Artikel 14

Die Vertragsparteien streben Lösungen an, die es erlauben, den durch Kontrollen an den gemeinsamen Grenzen verursachten Aufenthalt der Eisenbahntransporte abzukürzen.

Artikel 15

Die Vertragsparteien empfehlen ihren jeweiligen Eisenbahnen,

- die technischen Verfahren so zu gestalten, daß der Grenzaufenthalt so kurz wie möglich gehalten wird;
- alles zu tun, um für bestimmte, von den Eisenbahnen festzulegende Gütertransporte, ein besonderes Beförderungssystem einzuführen, das den raschen Grenzübertritt ohne nennenswerte Aufenthalte erlaubt (Güterzüge ohne nennenswerte Grenzaufenthalte).

Artikel 16

Die Vertragsparteien harmonisieren an den gemeinsamen Grenzen die Öffnungszeiten der Zollkontrollstellen im Binnenschiffsverkehr.

Titel II

Langfristig durchzuführende Maßnahmen

Artikel 17

Im Personenverkehr streben die Vertragsparteien den Abbau der Kontrollen an den gemeinsamen Grenzen und deren Verlegung an ihre Außengrenzen an. Zu diesem Zweck bemühen sie sich zuvor, soweit notwendig, die den Kontrollen zugrundeliegenden Gesetze und Vorschriften hinsichtlich der Verbote und Beschränkungen zu harmonisieren und ergänzende Maßnahmen zum Schutz der inneren Sicherheit sowie zur Verhinderung der unerlaubten Einreise von Personen, die nicht Angehörige von Mitgliedsstaaten der Europäischen Gemeinschaften sind, zu ergreifen.

Artikel 18

Die Vertragsparteien werden unter Berücksichtigung der Ergebnisse der kurzfristig getroffenen Maßnahmen Gespräche einleiten, insbesondere über die folgenden Fragen:

a) Ausarbeitung von Vereinbarungen über die polizeiliche Zusammenarbeit im Bereich der präventiven Verbrechensbekämpfung und der Fahndung;

b) Prüfung der sich bei Anwendung der Abkommen über die internationale Rechtshilfe und die Auslieferung möglicherweise ergebenden Schwierigkeiten, um die am besten geeigneten Lösungen für eine Verbesserung der Zusammenarbeit der Vertragsparteien in diesem Bereich zu finden;

c) Suche nach Mitteln zur gemeinsamen Verbrechensbekämpfung, unter anderem durch Prüfung der etwaigen Einführung eines Rechts der polizeilichen Nacheile sowie unter Berücksichtigung der vorhandenen Kommunikationsmöglichkeiten und der Internationalen Rechtshilfe.

Artikel 19

Die Vertragsparteien streben die Angleichung der Gesetze und sonstigen Vorschriften insbesondere auf folgenden Gebieten an:

- im Betäubungsmittelrecht;
- im Recht des Waffen- und Sprengstoffverkehrs;
- im Hotelmelderecht.

Artikel 20

Die Vertragsparteien bemühen sich, ihre Sichtvermerkspolitik und ihre Einreisebedingungen zu harmonisieren. Soweit erforderlich bereiten sie ferner die Harmonisierung ihrer Regelungen in bestimmten Teilbereichen des Ausländerrechts gegenüber Angehörigen von Staaten vor, die nicht Mitglieder der Europäischen Gemeinschaften sind.

Artikel 21

Die Vertragsparteien ergreifen gemeinsame Initiativen im Rahmen der Europäischen Gemeinschaften

a) zur Erhöhung der Reisefreigrenzen sowie

b) im Rahmen der Gemeinschaftsfreigrenzen zur Beseitigung noch bestehender Beschränkungen bei der Einreise in die Mitgliedstaaten für Waren, deren Besitz Inländern nicht verboten ist.

Die Vertragsparteien ergreifen innerhalb der Europäischen Gemeinschaften Initiativen, um zu erreichen, daß die Mehrwertsteuer für touristische Beförderungsleistungen innerhalb der Europäischen Gemeinschaften im Ausgangsland auf harmonisierter Grundlage erhoben wird.

Artikel 22

Die Vertragsparteien bemühen sich sowohl hinsichtlich der gemeinsamen Grenzen untereinander als auch im Rahmen der Europäischen Gemeinschaften,

- die Freigrenzen bei Omnibussen bis zum normalen Tankinhalt (600 l) anzuheben
- die Besteuerung von Dieselkraftstoff zu harmonisieren und die Freigrenzen beim normalen Tankinhalt von Lastkraftwagen zu erhöhen.

Artikel 23

Die Vertragsparteien bemühen sich, auch im Güterverkehr bei den nebeneinanderliegenden nationalen Grenzabfertigungsstellen die Wartezeiten und die Anzahl der Haltepunkte zu verringern.

Artikel 24

Im Warenverkehr suchen die Vertragspartner nach Möglichkeiten, um die derzeitig an den gemeinsamen Grenzen durchgeführten Kontrollen an ihre Außengrenzen oder ins Binnenland zu verlegen.

Hierzu ergreifen sie, soweit erforderlich, gemeinsame Initiativen untereinander und bei den Europäischen Gemeinschaften mit dem Ziel, die den Warenkontrollen an den gemeinsamen Grenzen zugrundeliegenden Vorschriften zu harmonisieren.

Sie beachten dabei, daß der notwendige Schutz der Gesundheit von Menschen, Tieren und Pflanzen gewährleistet bleibt.

Artikel 25

Die Vertragsparteien entwickeln ihre Zusammenarbeit mit dem Ziel fort, die Zollabfertigung von Waren, die über eine gemeinsame Grenze verbracht worden sind, durch einen systematischen und automatisierten Austausch der erforderlichen Daten zu erleichtern, die mit Hilfe des Einheitsdokuments erfaßt werden.

Artikel 26

Die Vertragsparteien prüfen, wie die indirekten Steuern (Mehrwertsteuer und Verbrauchssteuern) im Rahmen der Europäischen Gemeinschaften harmonisiert werden können. Sie unterstützen zu diesem Zweck die Bemühungen der Europäischen Gemeinschaften.

Artikel 27

Die Vertragsparteien prüfen, ob an den gemeinsamen Grenzen auf Grundlage der Gegenseitigkeit die nach Gemeinschaftsrecht zulässigen Beschränkungen bei den Freimengen für Grenzbewohner aufgehoben werden können.

Artikel 28

Vor Abschluß ähnlicher zwei- oder mehrseitiger Vereinbarungen mit Staaten, die nicht Parteien dieses Vertrages sind, werden die Vertragsparteien einander konsultieren.

Artikel 29

Dieses Übereinkommen gilt auch für das Land Berlin, sofern nicht die Regierung der Bundesrepublik Deutschland gegenüber den Regierungen der Staaten der Benelux-

Wirtschaftsunion und der Regierung der Französischen Republik innerhalb von 3 Monaten nach Inkrafttreten des Übereinkommens eine gegenteilige Erklärung abgibt.

Artikel 30

Soweit in diesem Übereinkommen vorgesehene Maßnahmen nicht bereits unmittelbar mit seinem Inkrafttreten anzuwenden sind, werden, soweit im einzelnen keine anderen Fristen vorgesehen sind, die in Titel I vorgesehenen Maßnahmen bis zum 1. Januar 1986 und die in Titel II vorgesehenen Maßnahmen möglichst bis zum 1. Januar 1990 durchgeführt.

Artikel 31

Dieses Übereinkommen gilt unbeschadet der Artikel 5, 6 sowie 8 bis 16 des in Saarbrücken am 13. Juli 1984 abgeschlossenen Vertrages zwischen der Bundesrepublik Deutschland mit der Französischen Republik.

Artikel 32

Die Unterzeichnung dieses Übereinkommens erfolgt

- ohne einen Vorbehalt der Ratifizierung oder Billigung oder
- unter dem Vorbehalt der Ratifizierung oder Billigung mit anschließender Ratifizierung oder Billigung.

Dieses Übereinkommen findet vom auf die Unterzeichnung folgenden Tage ab vorläufige Anwendung. Sein Inkrafttreten erfolgt 30 Tage nach der Hinterlegung der letzten Ratifizierungs- oder Billigungsurkunde.

Artikel 33

Dieses Übereinkommen wird bei der Regierung des Großherzogtums Luxemburg hinterlegt. Diese übermittelt der Regierung jedes anderen Unterzeichnerstaates eine beglaubigte Abschrift.

Übereinkommen

Zur Durchführung des Übereinkommens von Schengen vom 14. Juni 1985 zwischen den Regierungen der Staaten der Benelux-Wirtschaftsunion, der Bundesrepublik Deutschland und der Französischen Republik betreffend den schrittweisen Abbau der Kontrollen an den gemeinsamen Grenzen

Paraphierungsfassung
13. Juni 1990

Das Königreich Belgien, die Bundesrepublik Deutschland, die Französische Republik, das Großherzogtum Luxemburg und das Königreich der Niederlande nachfolgend Vertragsparteien genannt –

aufbauend auf dem am 14. Juni 1985 in Schengen geschlossenen Übereinkommen über den schrittweisen Abbau der Kontrollen an den gemeinsamen Grenzen,

entschlossen, das in diesem Übereinkommen zum Ausdruck gebrachte Bestreben der Abschaffung der Kontrollen des Personenverkehrs an den gemeinsamen Grenzen und der Erleichterung des Transports und des Warenverkehrs zu verwirklichen,

in der Erwägung, daß der Vertrag zur Gründung der Europäischen Gemeinschaften, ergänzt durch die Einheitliche Europäische Akte, vorsieht, daß der Binnenmarkt einen Raum ohne Binnengrenzen umfaßt,

in der Erwägung, daß der durch die Vertragsparteien angestrebte Zweck mit diesem Ziel übereinstimmt, unbeschadet der Maßnahmen, die zur Anwendung der Bestimmungen dieses Vertrages getroffen werden,

in der Erwägung, daß die Verwirklichung dieses Zieles eine Reihe von geeigneten Maßnahmen und eine enge Zusammenarbeit der Vertragsparteien erfordert –

haben folgendes vereinbart:

Titel I

Begriffsbestimmungen

Artikel 1

Im Sinne dieses Übereinkommens bedeutet:

Binnengrenzen:	die gemeinsamen Landgrenzen der Vertragsparteien sowie ihre Flughäfen für die Binnenflüge und ihre Seehäfen für die regelmäßigen Fährverbindungen ausschließlich von und nach dem Gebiet der Vertragspar-

teien ohne Fahrtunterbrechung in außerhalb des Gebiets gelegenen Häfen;

Außengrenzen: die Land- und Seegrenzen sowie die Flug- und Seehäfen der Vertragsparteien, soweit sie nicht Binnengrenzen sind;

Binnenflug: ein Flug ausschließlich von und nach dem Gebiet der Vertragsparteien, ohne Landung auf dem Gebiet eines Drittstaates;

Drittstaat: ein Staat, der nicht Vertragspartei ist;

Drittausländer: eine Person, die nicht Staatsangehöriger eines der Mitgliedstaaten der Europäischen Gemeinschaften ist;

Zur Einreiseverweigerung ausgeschriebener Drittausländer: ein Drittausländer, der gemäß Artikel 96 zur Einreiseverweigerung in dem Schengener Informationssystem ausgeschrieben ist;

Grenzübergangsstelle: ein von den zuständigen Behörden für das Überschreiten der Außengrenzen zugelassener Übergang;

Grenzkontrolle: an den Grenzen vorgenommene Kontrolle, die unabhängig von jedem anderen Anlaß ausschließlich aufgrund des beabsichtigten Grenzübertritts durchgeführt wird;

Beförderungsunternehmer: natürliche oder juristische Person, die gewerblich die Beförderung von Personen auf dem Luft-, See- oder Landweg durchführt;

Aufenthaltstitel: jede von einer Vertragspartei ausgestellte Erlaubnis gleich welcher Art, die zum Aufenthalt in deren Hoheitsgebiet berechtigt. Hierzu zählen nicht die befristete Zulassung zum Aufenthalt im Hoheitsgebiet einer der Vertragsparteien im Hinblick auf die Behandlung eines Asylbegehrens oder eines Antrags auf eine Aufenthaltserlaubnis;

Asylbegehren: jeder an der Außengrenze oder im Gebiet einer Vertragspartei in Europa schriftlich, mündlich oder auf andere Weise geäußerte Wunsch eines Drittausländers mit dem Ziel, den Flüchtlingsstatus nach der Genfer Konvention vom 28. Juli 1951 über den Flüchtlingsstatus in der Fassung des Protokolls vom 31. Januar 1967 zu erlangen und als solcher ein Aufenthaltsrecht zu genießen;

Asylbegehrender: ein Drittausländer, der ein Asylbegehren im Sinne dieses Übereinkommens gestellt hat, über das noch nicht abschließend entschieden ist

Behandlung eines Asylbegehrens: alle Verfahren zur Prüfung und Entscheidung von Asylbegehren sowie alle in Ausführung der endgültigen Entscheidungen getroffenen Maßnahmen, mit Ausnahme der Bestimmung der Vertragspartei, die aufgrund dieses Übereinkommens für die Behandlung des Asylbegehrens zuständig ist.

Titel II

Abschaffung der Kontrollen an den Binnengrenzen und Personenverkehr

KAPITEL 1

Überschreiten der Binnengrenzen

Artikel 2

(1) Die Binnengrenzen dürfen an jeder Stelle ohne Personenkontrollen überschritten werden.

(2) Wenn die öffentliche Ordnung oder die nationale Sicherheit es indessen erfordern, kann eine Vertragspartei nach Konsultation der anderen Vertragsparteien beschließen, daß für einen begrenzten Zeitraum an den Binnengrenzen den Umständen entsprechende nationale Grenzkontrollen durchgeführt werden. Verlangen die öffentliche Ordnung oder die nationale Sicherheit ein sofortiges Handeln, so ergreift die betroffene Vertragspartei die erforderlichen Maßnahmen und unterrichtet darüber möglichst frühzeitig die anderen Vertragsparteien.

(3) Die Anwendung von Artikel 22 und die Ausübung der Polizeibefugnisse durch die nach Maßgabe des nationalen Rechts zuständigen Behörden einer Vertragspartei in dem gesamten Hoheitsgebiet dieser Vertragspartei sowie die im Recht dieser Vertragspartei vorgesehenen Verpflichtungen über den Besitz, das Mitführen und das Vorzeigen von Urkunden und Bescheinigungen bleiben von der Abschaffung der Personenkontrollen an den Binnengrenzen unberührt.

(4) Die Warenkontrollen werden nach Maßgabe der einschlägigen Bestimmungen dieses Übereinkommens durchgeführt.

KAPITEL 2

Überschreiten der Außengrenzen

Artikel 3

(1) Die Außengrenzen dürfen grundsätzlich nur an den Grenzübergangsstellen und während der festgesetzten Verkehrsstunden überschritten werden. Das Nähere sowie die Ausnahmen und die Modalitäten des kleinen Grenzverkehrs und die Vorschriften für bestimmte Sonderkategorien des Seeverkehrs, wie die Vergnügungsschiffahrt und die Küstenfischerei, legt der Exekutivausschuß fest.

(2) Die Vertragsparteien verpflichten sich, das unbefugte Überschreiten der Außengrenzen außerhalb der zugelassenen Grenzübergangsstellen und der festgesetzten Verkehrsstunden mit Sanktionen zu belegen.

Artikel 4

(1) Die Vertragsparteien gewährleisten, daß von 1993 an die Reisenden von Flügen aus Drittstaaten, die in Binnenflüge umsteigen, vorher einer Personenkontrolle sowie einer Kontrolle des von ihnen mitgeführten Handgepäcks bei der Einreise im Ankunftsflughafen des Drittlandfluges unterzogen werden. Die Reisenden eines Binnenfluges, die auf einen Flug in ein Drittland umsteigen, unterliegen zuvor den entsprechenden Kontrollen bei der Ausreise im Ausgangsflughafen des Drittlandfluges.

(2) Die Vertragsparteien treffen die erforderlichen Maßnahmen, damit die Kontrollen entsprechend den Vorschriften des Absatzes 1 erfolgen können.

(3) Die Kontrolle des aufgegebenen Reisegepäcks bleibt von den Bestimmungen der Absätze 1 und 2 unberührt; sie findet jeweils im endgültigen Zielflughafen im ursprünglichen Abgangsflughafen statt.

(4) Bis zu dem in Absatz 1 vorgesehenen Datum sind die Flughäfen für Binnenflüge in Abweichung von der Definition der Binnengrenzen als Außengrenzen anzusehen.

Artikel 5

(1) Für einen Aufenthalt von bis zu drei Monaten kann einem Drittausländer die Einreise in das Hoheitsgebiet der Vertragsparteien gestattet werden, wenn er die nachstehenden Voraussetzungen erfüllt:

a) Er muß im Besitz eines oder mehrerer gültiger Grenzübertrittspapiere sein, die von dem Exekutivausschuß bestimmt werden.

b) Er muß, soweit erforderlich, im Besitz eines gültigen Sichtvermerks sein.

c) Er muß gegebenenfalls die Dokumte vorzeigen, die seinen Aufenthaltszweck und die Umstände seines Aufenthalts belegen, und über ausreichende Mittel zur Bestreitung des Lebensunterhalts sowohl für die Dauer des Aufenthalts als auch für die Rückreise in den Herkunftsstaat oder für die Durchreise in einen Drittstaat, in dem seine Zulassung gewährleistet ist, verfügen oder in der Lage sein, diese Mittel auf legale Weise zu erwerben.

d) Er darf nicht zur Einreiseverweigerung ausgeschrieben sein.

e) Er darf keine Gefahr für die öffentliche Sicherheit, die nationale Sicherheit oder die internationalen Beziehungen einer der Vertragsparteien darstellen.

(2) Einem Drittausländer, der nicht alle diese Voraussetzungen erfüllt, muß die Einreise in das Hoheitsgebiet der Vertragsparteien verweigert werden, es sei denn, eine Vertragspartei hält es aus humanitären Gründen oder Gründen des nationalen Interesses oder aufgrund internationaler Verpflichtungen für erforderlich, von diesem Grundsatz abzuweichen. In diesen Fällen wird die Zulassung auf das Hoheitsgebiet der betreffenden Vertragspartei beschränkt, die die übrigen Vertragsparteien darüber unterrichten muß.

Die besonderen Bestimmungen des Asylrechts und des Artikels 18 bleiben unberührt.

(3) Einem Drittausländer, der über eine von einer der Vertragsparteien ausgestellte Aufenthaltserlaubnis, einen von einer der Vertragsparteien ausgestellten Rückreise-

sichtvermerk oder erforderlichenfalls beide Dokumente verfügt, ist die Durchreise zu gestatten, es sei denn, daß er auf der nationalen Ausschreibungsliste der Vertragspartei steht, an deren Außengrenzen er die Einreise begehrt.

Artikel 6

(1) Der grenzüberschreitende Verkehr an den Außengrenzen unterliegt der Kontrolle durch die zuständigen Behörden. Diese wird nach einheitlichen Grundsätzen, in nationaler Zuständigkeit, nach Maßgabe des nationalen Rechts und unter Berücksichtigung der Interessen aller Vertragsparteien für das Hoheitsgebiet der Vertragsparteien durchgeführt.

(2) Die einheitlichen Grundsätze nach Absatz 1 sind:

a) Die Personenkontrolle umfaßt nicht nur die Überprüfung der Grenzübertrittspapiere und der anderen Voraussetzungen für die Einreise, den Aufenthalt, die Arbeitsaufnahme und die Ausreise, sondern auch die fahndungstechnische Überprüfung sowie die Abwehr von Gefahren für die nationale Sicherheit und die öffentliche Ordnung der Vertragsparteien. Die Kontrollen beziehen sich auch auf die Fahrzeuge der die Grenze überschreitenden Personen und die von ihnen mitgeführten Sachen. Sie werden von jeder Vertragspartei nach Maßgabe ihres nationalen Rechts, insbesondere in bezug auf die Durchsuchung, durchgeführt.

b) Alle Personen sind zumindest einer solchen Kontrolle zu unterziehen, die die Feststellung ihrer Identität anhand der vorgelegten oder vorgezeigten Reisepapiere ermöglicht.

c) Drittausländer unterliegen bei der Einreise einer eigenen Kontrolle im Sinne des Buchstaben a.

d) Bei der Ausreise finden die Kontrollen statt, die im Interesse aller Vertragsparteien aufgrund des Ausländerrechts und für Zwecke der Fahndung und Abwehr von Gefahren für die nationale Sicherheit und die öffentliche Ordnung der Vertragsparteien geboten sind. Diese Kontrollen erfolgen in jedem Falle bei Drittausländern.

e) Können solche Kontrollen wegen besonderer Umstände nicht durchgeführt werden, sind Schwerpunkte zu setzen. Dabei hat die Kontrolle des Einreiseverkehrs grundsätzlich Vorrang vor der Kontrolle des Ausreiseverkehrs.

(3) Die zuständigen Behörden überwachen die Außengrenzen außerhalb der Grenzübergangsstellen, die Grenzübergangsstellen außerhalb der für sie festgesetzten Verkehrsstunden durch Streifen. Diese Überwachung ist in einer Weise durchzuführen, daß kein Anreiz für eine Umgehung der Kontrollen an den Grenzübergangsstellen entsteht. Die Überwachungsmodalitäten sind gegebenenfalls von dem Exekutivausschuß festzulegen.

(4) Die Vertragsparteien verpflichten sich, geeignete Kräfte in ausreichender Zahl für die Durchführung der Kontrollen und die Überwachung der Außengrenzen zur Verfügung zu stellen.

(5) Für die Kontrollen an den Außengrenzen gilt ein gleichmäßiger Überwachungsstandard.

Artikel 7

Zur wirksamen Durchführung der Kontroll- und Überwachungsaufgaben unterstützen die Vertragsparteien einander und pflegen eine enge und ständige Zusammenarbeit. Sie tauschen insbesondere alle wichtigen einschlägigen Informationen mit Ausnahme der personenbezogenen Daten aus, es sei denn, dieses Übereinkommen enthält anderslautende Bestimmungen, stimmen möglichst die an die nachgeordneten Dienststellen ergehenden Weisungen ab und wirken auf eine einheitliche Aus- und Fortbildung des Kontrollpersonals hin. Diese Zusammenarbeit kann in Form eines Austausches von Verbindungsbeamten erfolgen.

Artikel 8

Der Exekutivausschuß trifft die erforderlichen Entscheidungen über die praktischen Einzelheiten der Durchführung der Kontrollen und der Überwachung der Grenzen.

KAPITEL 3

Sichtvermerke

Abschnitt 1

Sichtvermerke für einen kurzfristigen Aufenthalt

Artikel 9

(1) Die Vertragsparteien verpflichten sich, eine gemeinsame Politik hinsichtlich des Personenverkehrs, insbesondere in bezug auf die Sichtvermerksregelung zu verfolgen. Hierzu unterstützen sie sich gegenseitig. Die Vertragsparteien verpflichten sich, ihre Sichtvermerkspolitik im Einvernehmen weiter zu harmonisieren.

(2) Gegenüber den Drittstaaten, für deren Staatsangehörige alle Vertragsparteien zum Zeitpunkt der Unterzeichnung dieses Übereinkommens eine gemeinsame Sichtvermerksregelung haben oder später im Einvernehmen einführen, kann diese Sichtvermerksregelung nur im Einvernehmen aller Vertragsparteien geändert werden. Wenn herausragende Gründe der nationalen Politik eine dringende Entscheidung erfordern, kann eine Vertragspartei ausnahmsweise von der gemeinsamen Sichtvermerksregelung gegenüber einem Drittstaat abweichen. Sie hat dabei die übrigen Vertragsparteien vorab zu konsultieren und ihre Interessen bei der Entscheidung und den sich hieraus ergebenden Folgen zu berücksichtigen.

Artikel 10

(1) Es wird ein einheitlicher Sichtvermerk eingeführt, der für das Hoheitsgebiet aller Vertragsparteien gültig ist. Dieser Sichtvermerk, dessen Gültigkeitsdauer in Artikel 11 geregelt wird, kann für einen Aufenthalt von bis zu drei Monaten erteilt werden.

(2) Bis zur Schaffung eines solchen Sichtvermerks erkennen die Vertragsparteien die jeweiligen nationalen Sichtvermerke an, soweit diese auf der Grundlage der im Rahmen der einschlägigen Bestimmungen dieses Kapitels festgelegten gemeinsamen Voraussetzungen und Kriterien erteilt werden.

(3) In Abweichung von den Absätzen 1 und 2 behält sich jede Vertragspartei das Recht vor, die Gültigkeit des Sichtvermerks auf der Grundlage der im Rahmen der einschlägigen Bestimmungen dieses Kapitels festgelegten gemeinsamen Modalitäten räumlich zu beschränken.

Artikel 11

(1) Der in Artikel 10 eingeführte Sichtvermerk kann sein:

a) Ein für eine oder mehrere Einreisen gültiger Sichtvermerk, wobei weder die Dauer eines ununterbrochenen Aufenthalts noch die Gesamtdauer der aufeinander folgenden Aufenthalte vom Datum der ersten Einreise an gerechnet mehr als drei Monate pro Halbjahr betragen dürfen;

b) ein Durchreisesichtvermerk, der seinen Inhaber berechtigt, ein, zwei oder ausnahmsweise mehrere Male durch das Hoheitsgebiet der Vertragsparteien zu reisen, um sich in das Hoheitsgebiet eines Drittstaates zu begeben, wobei die Dauer einer Durchreise fünf Tage nicht überschreiten darf.

(2) Absatz 1 hindert eine Vertragspartei nicht, im Bedarfsfall innerhalb des betreffenden Halbjahres einen weiteren Sichtvermerk zu erteilen, der räumlich auf ihr Hoheitsgebiet beschränkt ist.

Artikel 12

(1) Der in Artikel 10 Absatz 1 eingeführte einheitliche Sichtvermerk wird von den diplomatischen und konsularischen Vertretungen und gegebenenfalls von den gemäß Artikel 17 festgelegten Behörden der Vertragsparteien erteilt.

(2) Für die Erteilung dieses Sichtvermerks ist grundsätzlich die Vertragspartei zuständig, in deren Hoheitsgebiet das Hauptreiseziel liegt. Kann dieses Ziel nicht bestimmt werden, so obliegt die Ausstellung des Sichtvermerks grundsätzlich der diplomatischen oder konsularischen Vertretung der Vertragspartei der ersten Einreise.

(3) Der Exekutivausschuß legt die Anwendungsmodalitäten und insbesondere die Kriterien zur Bestimmung des Hauptreiseziels fest.

Artikel 13

(1) Es darf kein Sichtvermerk in einem abgelaufenen Reisedokument erteilt werden.

(2) Die Gültigkeitsdauer des Reisedokuments muß die des Sichtvermerks überschreiten, wobei die Frist für die Benutzung des Sichtvermerks zu berücksichtigen ist. Sie muß die Rückreise des Drittausländers in seinen Herkunftsstaat oder seine Einreise in einen Drittstaat zulassen.

Artikel 14

(1) Es darf kein Sichtvermerk in einem Reisedokument erteilt werden, wenn dieses für keine der Vertragsparteien gültig ist. Ist das Reisedokument lediglich für eine oder mehrere Vertragsparteien gültig, so ist der erteilte Sichtvermerk auf diese Vertragspartei oder diese Vertragsparteien zu beschränken.

(2) Wird das Reisedokument von einer oder mehreren Vertragsparteien nicht als gültig anerkannt, so kann ein Sichtvermerk in Form einer Genehmigung, die als Sichtvermerk gilt, erteilt werden.

Artikel 15

Grundsätzlich dürfen Sichtvermerke nach Artikel 10 nur einem Drittausländer erteilt werden, der die in Artikel 5 Absatz 1 Buchstaben a, c, d und aufgeführten Einreisevoraussetzungen erfüllt.

Artikel 16

Hält eine Vertragspartei es für notwendig, aus einem der in Artikel 5 Absatz 2 genannten Gründe von dem in Artikel 15 festgeschriebenen Grundsatz abzuweichen und einem Drittausländer, der nicht sämtliche in Artikel 5 Absatz 1 vorgesehenen Einreisevoraussetzungen erfüllt, einen Sichtvermerk zu erteilen, wird die räumliche Gültigkeit dieses Sichtvermerks auf das Hoheitsgebiet dieser Vertragspartei, die die anderen Vertragsparteien davon benachrichtigen muß, beschränkt.

Artikel 17

(1) Der Exekutivausschuß legt gemeinsame Regelungen für die Prüfung der Sichtvermerksanträge fest, achtet auf deren richtige Anwendung und paßt sie an neue Situationen und Umstände an.

(2) Der Exekutivausschuß legt darüber hinaus die Fälle fest, in denen die Erteilung eines Sichtvermerks von der Konsultation der zentralen Behörde der betroffenen Vertragspartei und gegebenenfalls von der Konsultation der zentralen Behörden der anderen Vertragsparteien abhängig ist.

(3) Der Exekutivausschuß trifft ferner die erforderlichen Entscheidungen in bezug auf die nachstehenden Punkte:

a) Sichtvermerksfähige Reisedokumente;

b) für die Sichtvermerkserteilung zuständige Instanzen;

c) Voraussetzungen für die Sichtvermerkserteilung an der Grenze;

d) Form, Inhalt, Gültigkeitsdauer der Sichtvermerke und für ihre Ausstellung einzuziehende Gebühren;

e) Voraussetzungen für die Verlängerung und Verweigerung der nach Buchstabe c und d erteilten Sichtvermerke unter Berücksichtigung der Interessen aller Vertragsparteien;

f) Modalitäten der räumlichen Beschränkung des Sichtvermerks;

g) Grundsätze für die Erstellung einer gemeinsamen Liste von zur Einreiseverweigerung ausgeschriebenen Drittausländern, unbeschadet des Artikels 96.

Abschnitt 2

Sichtvermerke für einen längerfristigen Aufenthalt

Artikel 18

Die Sichtvermerke für einen Aufenthalt von mehr als drei Monaten sind nationale Sichtvermerke, die von jeder Vertragspartei nach Maßgabe ihres nationalen Rechts erteilt werden. Ein solcher Sichtvermerk berechtigt den Inhaber, durch das Hoheitsgebiet der anderen Vertragsparteien zu reisen, um sich in das Hoheitsgebiet der Vertragspartei zu begeben, die den Sichtvermerk ausgestellt hat, es sei denn, er erfüllt die in Artikel 5 Absatz 1 Buchstaben a, d und e aufgeführten Einreisevoraussetzungen nicht oder er steht auf der nationalen Ausschreibungsliste der Vertragspartei, durch deren Hoheitsgebiet die Durchreise begehrt wird.

KAPITEL 4

Voraussetzungen für den Reiseverkehr von Drittausländern

Artikel 19

(1) Drittausländer, die Inhaber eines einheitlichen Sichtvermerks sind und rechtmäßig in das Hoheitsgebiet einer der Vertragsparteien eingereist sind, können sich während der Gültigkeitsdauer des Sichtvermerks und soweit sie die in Artikel 5 Absatz 1 Buchstaben a, c, d und e aufgeführten Einreisevoraussetzungen erfüllen, frei in dem Hoheitsgebiet aller Vertragsparteien bewegen.

(2) Bis zur Schaffung des einheitlichen Sichtvermerks können sich Drittausländer, die Inhaber eines von dieser Vertragsparteien ausgestellten Sichtvermerks sind und rechtmäßig in das Hoheitsgebiet einer dieser Vertragsparteien eingereist sind, während der Gültigkeitsdauer des Sichtvermerks, jedoch höchstens bis zu drei Monaten vom Datum der ersten Einreise an und soweit sie die in Artikel 5 Absatz 1 Buchstaben a, c, d und e aufgeführten Einreisevoraussetzungen erfüllen, frei in dem Hoheitsgebiet aller Vertragsparteien bewegen.

(3) Absätze 1 und 2 finden keine Anwendung auf Sichtvermerke, deren Gültigkeit nach Maßgabe der Bestimmungen des Kapitels 3 dieses Titels räumlich beschränkt ist.

(4) Die Bestimmungen dieses Artikels gelten unbeschadet des Artikels 22.

Artikel 20

(1) Sichtvermerksfreie Drittausländer können sich in dem Hoheitsgebiet der Vertragsparteien frei bewegen, höchstens jedoch drei Monate innerhalb einer Frist von

sechs Monaten von dem Datum der ersten Einreise an und soweit sie die in Artikel 5 Absatz 1 Buchstaben a, c, d und e aufgeführten Einreisevoraussetzungen erfüllen.

(2) Absatz 1 berührt nicht das Recht jeder Vertragspartei, den Aufenthalt eines Drittausländers in ihrem Hoheitsgebiet in Ausnahmefällen oder in Anwendung der Bestimmungen eines bilateralen Abkommens, das bereits vor dem Inkrafttreten dieses Übereinkommens zustandegekommen ist, über drei Monate hinaus zu verlängern.

(3) Die Bestimmungen dieses Artikels gelten unbeschadet des Artikels 22.

Artikel 21

(1) Drittausländer, die Inhaber eines gültigen, von einer der Vertragsparteien ausgestellten Aufenthaltstitels sind, können sich aufgrund dieses Dokuments und eines gültigen Reisedokuments höchstens bis zu drei Monaten frei im Hoheitsgebiet der anderen Vertragsparteien bewegen, soweit sie die in Artikel 5 Absatz 1 Buchstaben a, c und e aufgeführten Einreisevoraussetzungen erfüllen und nicht auf der nationalen Ausschreibungsliste der betroffenen Vertragspartei stehen.

(2) Das gleiche gilt für Drittausländer, die Inhaber eines von einer der Vertragsparteien ausgestellten vorläufigen Aufenthaltstitels und eines von dieser Vertragspartei ausgestellten Reisedokuments sind.

(3) Die Vertragsparteien übermitteln dem Exekutivausschuß die Liste der Dokumente, die sie als Aufenthaltserlaubnis oder vorläufigen Aufenthaltstitel und als Reisedokument im Sinne dieses Artikels ausstellen.

(4) Die Bestimmungen dieses Artikels gelten unbeschadet des Artikels 22.

Artikel 22

(1) Drittausländer, die rechtmäßig in das Hoheitsgebiet einer der Vertragsparteien eingereist sind, sind verpflichtet, unter den Voraussetzungen, die von jeder Vertragspartei festgelegt werden, sich bei den zuständigen Behörden der Vertragspartei zu melden, in deren Hoheitsgebiet sie einreisen. Die Anzeige kann nach Wahl jeder Vertragspartei entweder bei der Einreise oder, innerhalb einer Frist von drei Arbeitstagen von dem Einreisedatum an, im Landesinnern erfolgen.

(2) Drittausländer, die im Hoheitsgebiet einer der Vertragsparteien ansässig sind und sich in das Hoheitsgebiet einer anderen Vertragspartei begeben, unterliegen der Meldepflicht nach Absatz 1.

(3) Die Ausnahmen von Absatz 1 und 2 werden von jeder Vertragspartei festgelegt und dem Exekutivausschuß mitgeteilt.

Artikel 23

(1) Der Drittausländer, der die im Hoheitsgebiet einer der Vertragsparteien geltenden Voraussetzungen für einen kurzen Aufenthalt nicht oder nicht mehr erfüllt, hat grundsätzlich unverzüglich das Hoheitsgebiet der Vertragsparteien zu verlassen.

(2) Verfügt der Drittausländer über eine von einer anderen Vertragspartei ausgestellte gültige Aufenthaltserlaubnis oder über einen von einer anderen Vertragspartei ausgestellten vorläufigen Aufenthaltstitel, so hat er sich unverzüglich in das Hoheitsgebiet dieser Vertragspartei zu begeben.

(3) Soweit die freiwillige Ausreise eines solchen Drittausländers nicht erfolgt oder angenommen werden kann, daß diese Ausreise nicht erfolgen wird, oder soweit die sofortige Ausreise des Drittausländers aus Gründen der nationalen Sicherheit oder der öffentlichen Ordnung geboten ist, muß der Drittausländer nach Maßgabe des nationalen Rechts aus dem Hoheitsgebiet der Vertragspartei abgeschoben werden, in dem er aufgegriffen wurde. Ist die Abschiebung nach nationalem Recht nicht zulässig, so kann die betroffene Vertragspartei dem Drittausländer den Aufenthalt in ihrem Hoheitsgebiet gestatten.

(4) Der betroffene Drittausländer kann in seinen Herkunftsstaat oder in einen anderen Staat, in dem seine Zulassung insbesondere nach Maßgabe der einschlägigen Bestimmungen der zwischen den Vertragsparteien geschlossenen Rückübernahmeabkommen möglich ist, abgeschoben werden.

(5) Die nationalen asylrechtlichen Bestimmungen, die Bestimmungen der Genfer Konvention vom 28. Juli 1951 über den Flüchtlingsstatus in der Fassung des Protokolls von New York vom 31. Januar 1967, sowie Absatz 2 dieses Artikels und Artikel 33 Absatz 1 dieses Übereinkommens bleiben von den Bestimmungen des Absatzes 4 unberührt.

Artikel 24

Vorbehaltlich der durch den Exekutivausschuß zu bestimmenden geeigneten praktischen Kriterien und Modalitäten gleichen die Vertragsparteien die finanziellen Ungleichgewichte, die infolge der in Artikel 23 vorgesehenen Abschiebungsverpflichtung entstehen, untereinander aus, wenn diese Abschiebung nicht auf Kosten des Drittausländers vorgenommen werden kann.

KAPITEL 5

Aufenthaltstitel und Ausschreibung zur Einreiseverweigerung

Artikel 25

(1) Beabsichtigt eine Vertragspartei, einem zur Einreiseverweigerung ausgeschriebenen Drittausländer einen Aufenthaltstitel zu erteilen, so konsultiert sie vorab die ausschreibende Vertragspartei und berücksichtigt deren Interessen; der Aufenthaltstitel wird nur bei Vorliegen von gewichtigen Gründen erteilt, insbesondere wegen humanitärer Erwägungen oder infolge internationaler Verpflichtungen.

Wird der Aufenthaltstitel erteilt, so zieht die ausschreibende Vertragspartei die Ausschreibung zurück, wobei es ihr unbenommen bleibt, den betroffenen Drittausländer in die nationale Ausschreibungsliste aufzunehmen.

(2) Stellt sich heraus, daß der Drittausländer, der über einen von einer der Vertragsparteien erteilten gültigen Aufenthaltstitel verfügt, zum Zwecke der Einreiseverweige-

rung ausgeschrieben ist, konsultiert die ausschreibende Vertragspartei die Vertragspartei, die den Aufenthaltstitel erteilt hat, um zu prüfen, ob ausreichende Gründe für die Einziehung des Aufenthaltstitels vorliegen.

Wird der Aufenthaltstitel nicht eingezogen, so zieht die ausschreibende Vertragspartei die Ausschreibung zurück, wobei es ihr unbenommen bleibt, den betroffenen Drittausländer in die nationale Ausschreibungsliste aufzunehmen.

KAPITEL 6

Weitere Maßnahmen

Artikel 26

(1) Vorbehaltlich der Verpflichtungen, die sich aus der Genfer Konvention vom 28. Juli 1951 über den Flüchtlingsstatus in der Fassung des Protokolls von New York vom 31. Januar 1967 ergeben, verpflichten sich die Vertragsparteien, die nachstehenden Regelungen in ihre nationalen Rechtsvorschriften aufzunehmen:

a) Wird einem Drittausländer die Einreise in das Hoheitsgebiet einer der Vertragsparteien verweigert, so ist der Beförderungsunternehmer, der ihn auf dem Luft-, See- oder Landweg bis an die Außengrenze gebracht hat, verpflichtet, ihn unverzüglich zurückzunehmen. Auf Verlangen der Grenzüberwachungsbehörden hat der Beförderungsunternehmer den Drittausländer in den Drittstaat, aus dem er befördert wurde, in den Drittstaat, der das Reisedokument ausgestellt hat, mit dem er gereist ist, oder in jeden anderen Drittstaat, in dem seine Zulassung gewährleistet ist, zu verbringen.

b) Der Beförderungsunternehmer ist verpflichtet, alle erforderlichen Maßnahmen zu treffen, um sich zu vergewissern, daß der auf dem Luft- oder Seeweg beförderte Drittausländer über die für die Einreise in das Hoheitsgebiet der Vertragsparteien erforderlichen Reisedokumente verfügt.

(2) Vorbehaltlich der Verpflichtungen, die sich aus der Genfer Konvention vom 28. Juli 1951 über den Flüchtlingsstatus in der Fassung des Protokolls von New York vom 31. Januar 1967 ergeben, verpflichten sich die Vertragsparteien, unter Berücksichtigung ihres Verfassungsrechts Sanktionen gegen Beförderungsunternehmer einzuführen, die Drittausländer, welche nicht über die erforderlichen Reisedokumente verfügen, auf dem Luft- oder Seeweg aus einem Drittstaat in ihr Hoheitsgebiet zu verbringen.

(3) Die Absätze 1 Buchstabe b und 2 finden auf Beförderungsunternehmer Anwendung, die im internationalen Linienverkehr Gruppen von Personen in Autobussen befördern, mit Ausnahme des Grenzverkehrs.

Artikel 27

(1) Die Vertragsparteien verpflichten sich, angemessene Sanktionen gegen jede Person vorzusehen, die zu Erwerbszwecken einem Drittausländer hilft oder zu helfen versucht, in das Hoheitsgebiet einer der Vertragsparteien unter Verletzung ihrer Rechtsvorschriften in bezug auf die Einreise und den Aufenthalt von Drittausländern einzureisen oder sich dort aufzuhalten.

(2) Erlangt eine Vertragspartei Kenntnis von Handlungen nach Absatz 1, die das Recht einer anderen Vertragspartei verletzen, unterrichtet sie diese davon.

(3) Die Vertragspartei, die wegen Verletzung ihres eigenen Rechts eine andere Vertragspartei ersucht, Handlungen nach Absatz 1 zu verfolgen, muß durch eine amtliche Anzeige oder durch eine Bescheinigung der zuständigen Behörden begründen, welche ihrer Rechtsbestimmungen verletzt worden sind.

KAPITEL 7

Zuständigkeit für die Behandlung von Asylbegehren

Artikel 28

Die Vertragsparteien bekräftigen ihre Verpflichtungen aus der Genfer Konvention vom 28. Juli 1951 über den Flüchtlingsstatus in der Fassung des Protokolls von New York vom 31. Januar 1967, wobei die Anwendung dieser Instrumente keiner geographischen Beschränkung unterliegt, sowie ihre Zusage, mit den Dienststellen des Hohen Flüchtlingskommissars der Vereinten Nationen bei der Anwendung dieser Instrumente zusammenzuarbeiten.

Artikel 29

(1) Die Vertragsparteien verpflichten sich, jedes Asylbegehren, das von einem Drittausländer in dem Hoheitsgebiet einer der Vertragsparteien gestellt wird, zu behandeln.

(2) Diese Verpflichtung führt nicht dazu, daß in allen Fällen dem Asylbegehrenden die Einreise in das Hoheitsgebiet der betreffenden Vertragspartei gewährt werden muß oder er sich dort aufhalten kann.

Jede Vertragspartei behält sich das Recht vor, einen Asylbegehrenden nach Maßgabe ihres nationalen Rechts und unter Berücksichtigung ihrer internationalen Verpflichtungen in einen Drittstaat zurück- oder auszuweisen.

(3) Unabhängig davon, an welche Vertragspartei der Drittausländer sein Asylbegehren richtet, ist nur eine einzige Vertragspartei für die Behandlung des Asylbegehrens zuständig. Diese Vertragspartei wird nach den in Artikel 30 niedergelegten Kriterien bestimmt.

(4) Unbeschadet des Absatzes 3 behält jede Vertragspartei das Recht, bei Vorliegen besonderer Gründe, insbesondere des nationalen Rechts, ein Asylbegehren auch dann zu behandeln, wenn die Zuständigkeit aufgrund dieses Übereinkommens bei einer anderen Vertragspartei liegt.

Artikel 30

(1) Die für die Behandlung eines Asylbegehrens zuständige Vertragspartei wird folgendermaßen bestimmt:

a) Hat eine Vertragspartei dem Asylbegehrenden einen Sichtvermerk gleich welcher Art oder eine Aufenthaltserlaubnis erteilt, so ist diese Vertragspartei für die

Behandlung des Asylbegehrens zuständig. Ist der Sichtvermerk aufgrund einer Genehmigung einer anderen Vertragspartei ausgestellt worden, so ist die Vertragspartei zuständig, die die Genehmigung erteilt hat.

b) Haben mehrere Vertragsparteien dem Asylbegehrenden einen Sichtvermerk gleich welcher Art oder eine Aufenthaltserlaubnis erteilt, so ist die Vertragspartei zuständig, deren Sichtvermerk oder Aufenthaltserlaubnis zuletzt erlischt.

c) Solange ein Asylbegehrender das Hoheitsgebiet der Vertragsparteien nicht verlassen hat, bleibt die nach den Buchstaben a und b begründete Zuständigkeit auch dann bestehen, wenn die Gültigkeitsdauer des Sichtvermerks gleich welcher Art oder der Aufenthaltserlaubnis abgelaufen ist. Hat der Asylbegehrende nach Erteilung des Sichtvermerks oder der Aufenthaltserlaubnis das Hoheitsgebiet der Vertragsparteien verlassen, so begründen diese Dokumente eine Zuständigkeit nach den Buchstaben a und b, es sei denn, es zeigt sich, daß sie inzwischen aufgrund des nationalen Rechts ungültig geworden sind.

d) Ist der Asylbewerber durch die Vertragsparteien von der Sichtvermerkspflicht befreit, so ist die Vertragspartei zuständig, über deren Außengrenze der Asylbegehrende in das Hoheitsgebiet eingereist ist.

Solange die Sichtvermerkspolitik noch nicht völlig harmonisiert ist und der Asylbegehrende nur durch bestimmte Vertragsparteien von der Sichtvermerkspflicht befreit ist, ist die Vertragspartei, über deren Außengrenze der Asylbegehrende sichtvermerksfrei in das Hoheitsgebiet der Vertragsparteien eingereist ist, unbeschadet der Buchstaben a bis c zuständig.

Wird das Asylbegehren an eine Vertragspartei gerichtet, die dem Asylbegehrenden einen Durchreisesichtvermerk erteilt hat – unabhängig davon, ob dieser die Paßkontrolle passiert hat oder nicht –, und wurde dieser Durchreisesichtvermerk erteilt, nachdem sich der Durchreisestaat bei den konsularischen oder diplomatischen Vertretungen der Bestimmungsvertragspartei vergewissert hat, daß der Asylbegehrende die Voraussetzungen für die Einreise in den Bestimmungsstaat erfüllt, ist die Bestimmungsvertragspartei für die Behandlung des Asylbegehrens zuständig.

e) Ist der Asylbegehrende in das Hoheitsgebiet der Vertragsparteien eingereist, ohne im Besitz eines oder mehrerer gültiger Grenzübertrittspapiere zu sein, die von dem Exekutivausschuß bestimmt werden, so ist die Vertragspartei zuständig, über deren Außengrenze der Asylbegehrende eingereist ist.

f) Stellt ein Drittausländer, dessen Asylbegehren bereits von einer Vertragspartei behandelt wird, ein weiteres Asylbegehren, so ist die Vertragspartei zuständig, bei der das Asylverfahren anhängig ist.

g) Stellt ein Drittausländer, dessen früheres Asylbegehren von einer der Vertragsparteien bereits abschließend behandelt worden ist, ein neues Asylbegehren, so ist die Vertragspartei, bei der das frühere Asylbegehren behandelt worden ist, zuständig, wenn der Asylbegehrende das Hoheitsgebiet der Vertragsparteien nicht verlassen hat.

(2) Hat eine Vertragspartei die Behandlung eines Asylbegehrens nach Artikel 29 Absatz 4 übernommen, so ist die aufgrund des Absatzes 1 dieses Artikels zuständige Vertragspartei von ihrer Verpflichtung befreit.

(3) Kann die zuständige Vertragspartei nicht aufgrund der in den Absätzen 1 und 2 aufgeführten Kriterien bestimmt werden, ist die Vertragspartei zuständig, in deren Hoheitsgebiet das Asylbegehren gestellt worden ist.

Artikel 31

(1) Die Vertragsparteien sind bestrebt, möglichst schnell zu klären, welche von ihnen für die Behandlung eines Asylbegehrens zuständig ist.

(2) Wird ein Asylbegehren an eine Vertragspartei gerichtet, die aufgrund des Artikels 30 nicht zuständig ist, und hält der Drittausländer sich in deren Hoheitsgebiet auf, so kann diese Vertragspartei die zuständige Vertragspartei ersuchen, den Asylbegehrenden zur Behandlung des Asylbegehrens zu übernehmen.

(3) Die zuständige Vertragspartei ist verpflichtet, den Asylbegehrenden nach Absatz 2 zu übernehmen, wenn das Ersuchen innerhalb von sechs Monaten nach Stellung des Asylbegehrens erfolgt. Erfolgt das Ersuchen nicht innerhalb dieser Frist, ist die Vertragspartei, an die das Asylbegehren gerichtet worden ist, für die Behandlung des Asylbegehrens zuständig.

Artikel 32

Die Behandlung des Asylbegehrens erfolgt nach Maßgabe des nationalen Rechts der zuständigen Vertragspartei.

Artikel 33

(1) Hält der Asylbegehrende sich während der Dauer des Asylverfahrens unrechtmäßig im Hoheitsgebiet einer anderen Vertragspartei auf, so ist die zuständige Vertragspartei zur Rückübernahme verpflichtet.

(2) Absatz 1 findet keine Anwendung, wenn die andere Vertragspartei dem Asylbegehrenden eine Aufenthaltserlaubnis mit einer Gültigkeitsdauer von einem Jahr oder länger erteilt hat. In diesem Fall geht die Zuständigkeit für die Prüfung des Asylbegehrens auf die andere Vertragspartei über.

Artikel 34

(1) Die zuständige Vertragspartei ist verpflichtet, einen Drittausländer, dessen Asylbegehren endgültig negativ abgeschlossen ist und der sich in das Hoheitsgebiet einer anderen Vertragspartei begeben hat, ohne dort zum Aufenthalt berechtigt zu sein, zurückzunehmen.

(2) Absatz 1 findet keine Anwendung, wenn die zuständige Vertragspartei die Ausweisung des Drittausländers aus dem Hoheitsgebiet der Vertragsparteien durchgesetzt hatte.

Artikel 35

(1) Die Vertragspartei, die einem Drittausländer den Flüchtlingsstatus zuerkannt und den Aufenthalt gewährt hat, ist verpflichtet, sofern die Betroffenen dem zustimmen, die Zuständigkeit für die Behandlung des Asylbegehrens eines Familienangehörigen zu übernehmen.

(2) Als Familienangehörige nach Absatz 1 gelten der Ehegatte oder das ledige Kind unter achtzehn Jahren des Flüchtlings, oder, wenn der Flüchtling ein lediges Kind unter achtzehn Jahren ist, dessen Vater oder Mutter.

Artikel 36

Jede für die Behandlung des Asylbegehrens zuständige Vertragspartei kann bei Vorliegen humanitärer, insbesondere familiärer oder kultureller Gründe eine andere Vertragspartei um die Übernahme der Zuständigkeit bitten, sofern der Asylbegehrende dies wünscht. Es liegt im Ermessen der ersuchten Vertragspartei, ob sie diesem Ersuchen stattgibt.

Artikel 37

(1) Die zuständigen Behörden der Vertragsparteien unterrichten sich gegenseitig möglichst frühzeitig über

a) neue Regelungen oder Maßnahmen auf dem Gebiet des Asylrechts oder der Behandlung von Asylbegehrenden, spätestens mit deren Inkrafttreten;

b) statistische Daten über den monatlichen Zugang von Asylbegehrenden unter Angabe der Hauptherkunftsstaaten und die in bezug auf Asylbegehren ergangenen Entscheidungen, soweit sie vorhanden sind;

c) Auftreten oder erhebliche Zunahme bestimmter Gruppen von Asylbegehrenden und die hierzu vorliegenden Erkenntnisse;

d) grundlegende Entscheidungen auf dem Gebiet des Asylrechts.

(2) Die Vertragsparteien gewährleisten darüber hinaus eine enge Zusammenarbeit bei der Informationsgewinnung über die Lage in den Herkunftsstaaten der Asylbegehrenden mit dem Ziel einer gemeinsamen Beurteilung.

(3) Hinweise einer Vertragspartei zur vertraulichen Behandlung der von ihr erteilten Informationen sind von den anderen Vertragsparteien zu beachten.

Artikel 38

(1) Jede Vertragspartei übermittelt jeder anderen Vertragspartei auf deren Ersuchen vorliegende Daten zu einzelnen Asylbegehrenden, die erforderlich sind, um:

- die für die Behandlung des Asylbegehrens zuständige Vertragspartei zu bestimmen;
- die Behandlung des Asylbegehrens vorzunehmen;
- den Verpflichtungen aus diesem Kapitel nachkommen zu können.

(2) Diese Daten beziehen sich ausschließlich auf:

a) Identität (Name, Vorname, gegebenenfalls früherer Name, Beinamen oder Decknamen, Geburtsdatum, Geburtsort, derzeitige und frühere Staatsangehörigkeit des Asylbegehrenden und, gegebenenfalls, seiner Familienangehörigen).

b) Ausweispapiere und Reisepapiere (Nummer, Gültigkeitsdauer, Ort und Datum der Ausstellung, ausstellende Behörde, usw.);

c) sonstige zur Identifizierung erforderlichen Angaben;

d) die Aufenthaltsorte und Reisewege;

e) die von einer Vertragspartei erteilten Aufenthaltstitel oder Sichtvermerke;

f) Ort und Einreichung des Asylbegehrens;

g) gegebenenfalls das Datum der Einreichung eines früheren Asylbegehrens, das Datum der Einreichung des gegenwärtigen Asylbegehrens, den Verfahrensstand und gegebenenfalls den Entscheidungstenor.

(3) Außerdem kann eine Vertragspartei eine andere Vertragspartei ersuchen, ihr die Gründe, die der Asylbegehrende zur Unterstützung seines Begehrens angeführt hat, und gegebenenfalls die ihn betreffenden Entscheidungsgründe mitzuteilen. Die ersuchte Vertragspartei beurteilt, ob sie diesem Ersuchen Folge leisten kann. Die Übermittlung dieser Daten ist in jedem Fall von der Einverständniserklärung des Asylbegehrenden abhängig.

(4) Der Datenaustausch erfolgt auf Antrag einer Vertragspartei und kann nur zwischen den Behörden stattfinden, die von jeder Vertragspartei dem Exekutivausschuß mitgeteilt werden.

(5) Die übermittelten Daten dürfen nur für die in Absatz 1 vorgesehenen Zwecke genutzt werden. Diese Daten dürfen nur den Behörden und Gerichten übermittelt werden, die beauftragt sind:

- die für die Behandlung des Asylbegehrens zuständige Vertragspartei zu bestimmen;
- die Behandlung des Asylbegehrens vorzunehmen;
- die Verpflichtungen aus diesem Kapitel durchzuführen.

(6) Die übermittelnde Vertragspartei achtet auf die Richtigkeit und die Aktualität der Daten.

Stellt sich heraus, daß diese Vertragspartei unrichtige Daten oder Daten, die nicht hätten übermittelt werden dürfen, übermittelt hat, so werden die Bestimmungsvertragsparteien unverzüglich davon unterrichtet. Diese sind verpflichtet, die Daten zu berichtigen oder zu vernichten.

(7) Der Asylbegehrende hat das Recht, daß ihm auf seinen Antrag die seine Person betreffenden Daten mitgeteilt werden, so lange diese verfügbar sind.

Stellt er fest, daß diese Daten unrichtig sind oder sie nicht hätten übermittelt werden dürfen, so hat er das Recht, deren Berichtigung oder Vernichtung zu verlangen. Die Ausübung dieses Rechts erfolgt nach Maßgabe des Absatzes 6.

(8) Jede Vertragspartei ist verpflichtet, die Übermittlung und den Empfang von personenbezogenen Daten aktenkundig zu machen.

(9) Diese Daten werden nur so lange aufbewahrt, wie dies zur Erreichung des Übermittlungszweckes erforderlich ist. Die Erforderlichkeit der Aufbewahrung ist von der betroffenen Vertragspartei zum geeigneten Zeitpunkt zu prüfen.

(10) Die übermittelten Daten genießen auf jeden Fall zumindest den Schutz, der aufgrund des Rechts der empfangenden Vertragspartei für Daten gleicher Art gilt.

(11) Werden die Daten nicht automatisch, sondern auf eine sonstige Weise verarbeitet, so treffen die Vertragsparteien die geeigneten Maßnahmen, um die Einhaltung der Vorschriften dieses Artikels durch eine wirksame Kontrolle zu gewährleisten. Hat eine Vertragspartei eine Kontrollstelle der in Absatz 12 erwähnten Art, kann sie ihr die Kontrolle übertragen.

(12) Wünschen eine oder mehrere Vertragsparteien die in den Absätzen 2 und 3 aufgeführten Daten ganz oder teilweise zu speichern, so ist dies nur zulässig, soweit die betreffenden Vertragsparteien Rechtsvorschriften für diese Datenverarbeitung erlassen haben, die die Verwirklichung der Grundsätze des Übereinkommens des Europarates über den Schutz des Menschen bei der automatischen Verarbeitung personenbezogener Daten vom 28. Januar 1981 gewährleisten und sie ein geeignetes Gremium mit der unabhängigen Kontrolle der Verarbeitung und Verwendung der nach diesem Übereinkommen übermittelten Daten beauftragt haben.

Titel III

Polizei und Sicherheit

KAPITEL 1

Polizeiliche Zusammenarbeit

Artikel 39

(1) Die Vertragsparteien verpflichten sich, daß ihre Polizeidienste sich untereinander nach Maßgabe des nationalen Rechts und ihrer jeweiligen Zuständigkeit im Interesse der vorbeugenden Bekämpfung und der Aufklärung von strafbaren Handlungen Hilfe leisten, sofern ein Ersuchen oder dessen Erledigung nach nationalem Recht nicht den Justizbehörden vorbehalten ist und die Erledigung des Ersuchens die Ergreifung von Zwangsmaßnahmen durch die ersuchte Vertragspartei nicht erfordert. Ist die ersuchte Polizeibehörde für die Erledigung nicht zuständig, so leitet sie das Ersuchen an die zuständige Behörde weiter.

(2) Schriftliche Informationen, die von der ersuchten Vertragspartei nach Absatz 1 übermittelt werden, können nur mit Zustimmung der zuständigen Justizbehörde dieser Vertragspartei von der ersuchenden Vertragspartei als Beweismittel in einem Strafverfahren benutzt werden.

(3) Ersuchen um Hilfe nach Absatz 1 und die Antworten können zwischen den von den Vertragsparteien mit der grenzüberschreitenden polizeilichen Zusammenarbeit beauftragten zentralen Stellen übermittelt und auf demselben Weg zurückgesandt werden. In Fällen, in denen das Ersuchen nicht rechtzeitig über diesen Geschäftsweg gestellt werden kann, können Ersuchen von Polizeibehörden der ersuchenden Ver-

tragspartei unmittelbar den zuständigen Behörden der ersuchten Vertragspartei übermittelt und von diesen unmittelbar beantwortet werden. In diesen Fällen unterrichtet die ersuchende Polizeibehörde unverzüglich die von der ersuchten Vertragspartei mit der grenzüberschreitenden polizeilichen Zusammenarbeit beauftragte zentrale Stelle über das direkte Ersuchen.

(4) Die Zusammenarbeit in den Grenzgebieten kann in Vereinbarungen zwischen den zuständigen Ministern der Vertragsparteien geregelt werden.

(5) Weitergehende bestehende und künftige bilaterale Abkommen zwischen zwei Vertragsparteien, die eine gemeinsame Grenze haben, bleiben von den Bestimmungen dieses Artikels unberührt. Die Vertragsparteien unterrichten einander über diese Abkommen.

Artikel 40

(1) Beamte einer Vertragspartei, die im Rahmen eines Ermittlungsverfahrens in ihrem Land eine Person observieren, die im Verdacht steht, an einer auslieferungsfähigen Straftat beteiligt zu sein, sind befugt, die Observation auf dem Hoheitsgebiet einer anderen Vertragspartei fortzusetzen, wenn diese der grenzüberschreitenden Observation auf der Grundlage eines zuvor gestellten Rechtshilfeersuchens zugestimmt hat. Die Zustimmung kann mit Auflagen verbunden werden.

Auf Verlangen ist die Observation an die Beamten der Vertragspartei, auf deren Hoheitsgebiet die Observation stattfindet, zu übergeben.

Das Rechtshilfeersuchen nach Satz 1 ist an die durch jede der Vertragsparteien bezeichnete Behörde zu richten, die befugt ist, die erbetene Zustimmung zu erteilen oder zu übermitteln.

(2) Kann wegen der besonderen Dringlichkeit der Angelegenheit eine vorherige Zustimmung der anderen Vertragspartei nicht beantragt werden, dürfen die Beamten die Observation einer Person, die im Verdacht steht, an einer der in Absatz 7 aufgeführten Straftaten beteiligt zu sein, unter folgenden Voraussetzungen über die Grenze hinweg fortsetzen:

a) Der Grenzübertritt ist noch während der Observation unverzüglich der in Absatz 5 bezeichneten Behörde der Vertragspartei, auf deren Hoheitsgebiet die Observation fortgesetzt werden soll, mitzuteilen.

b) Ein Rechtshilfeersuchen nach Absatz 1, in dem auch die Gründe dargelegt werden, die einen Grenzübertritt ohne vorherige Zustimmung rechtfertigen, ist unverzüglich nachzureichen.

Die Observation ist einzustellen, sobald die Vertragspartei, auf deren Hoheitsgebiet die Observation stattfindet, aufgrund der Mitteilung nach Buchstabe a oder des Ersuchens nach Buchstabe b dies verlangt oder wenn die Zustimmung nicht fünf Stunden nach Grenzübertritt vorliegt.

(3) Die Observation nach den Absätzen 1 und 2 ist ausschließlich unter den nachstehenden allgemeinen Voraussetzungen zulässig:

a) Die observierenden Beamten sind an die Bestimmungen dieses Artikels und das Recht der Vertragspartei, auf deren Hoheitsgebiet sie auftreten, gebunden; sie haben Anordnungen der örtlich zuständigen Behörden zu befolgen.

b) Vorbehaltlich der Fälle des Absatzes 2 führen die Beamten während der Observation ein Dokument mit sich, aus dem sich ergibt, daß die Zustimmung erteilt worden ist.

c) Die observierenden Beamten müssen in der Lage sein, jederzeit ihre amtliche Funktion nachzuweisen.

d) Die observierenden Beamten dürfen während der Observation ihre Dienstwaffe mit sich führen, es sei denn, die ersuchte Vertragspartei hat dem ausdrücklich widersprochen; der Gebrauch ist mit Ausnahme des Falles der Notwehr nicht zulässig.

e) Das Betreten von Wohnungen und öffentlich nicht zugänglichen Grundstücken ist nicht zulässig.

f) Die observierenden Beamten sind nicht befugt, die zu observierende Person anzuhalten oder festzunehmen.

g) Über jede Operation wird den Behörden der Vertragspartei, auf deren Hoheitsgebiet die Operation stattgefunden hat, Bericht erstattet; dabei kann das persönliche Erscheinen der observierenden Beamten gefordert werden.

h) Die Behörden der Vertragspartei, aus deren Hoheitsgebiet die observierenden Beamten kommen, unterstützen auf Ersuchen der nachträglichen Ermittlungen einschließlich gerichtlicher Verfahren der Vertragspartei, auf deren Hoheitsgebiet eingeschritten wurde.

(4) Die in den Absätzen 1 und 2 genannten Beamten sind:

Für das Königreich Belgien: Die Beamten der Kriminalpolizei bei den Staatsanwaltschaften, der Gendarmerie und der Gemeindepolizei sowie, unter den in geeigneten bilateralen Vereinbarungen nach Absatz 6 festgelegten Bedingungen in bezug auf ihre Befugnisse im Bereich des unerlaubten Verkehrs mit Betäubungsmitteln und im Bereich des unerlaubten Handels mit Waffen und Sprengstoffen und des unerlaubten Verkehrs mit giftigen und schädlichen Abfällen, die Zollbeamten;

für die Bundesrepublik Deutschland: Die Beamten der Polizeien des Bundes und der Länder sowie, beschränkt auf den Bereich des unerlaubten Verkehrs mit Betäubungsmitteln und des unerlaubten Handels mit Waffen, die Beamten des Zollfahndungsdienstes als Hilfsbeamte der Staatsanwaltschaft;

für die Französische Republik: Die Beamten und die Hilfsbeamten der kriminalpolizeilichen Abteilungen der Nationalen Polizei und der Nationalen Gendarmerie sowie, unter den in geeigneten bilateralen Vereinbarungen nach Absatz 6 festgelegten Bedingungen in bezug auf ihre Befugnisse im Bereich des unerlaubten Verkehrs mit Betäubungsmitteln und im Bereich des unerlaubten Verkehrs mit giftigen und schädlichen Abfällen, die Zollbeamten;

für das Großherzogtum Luxemburg: Die Beamten der Gendarmerie und der Polizei, sowie, unter den in geeigneten bilateralen Vereinbarungen nach Absatz 6 festgelegten Bedingungen in bezug auf ihre Befugnisse im Bereich des unerlaubten Verkehrs mit Betäubungsmitteln, im Bereich des unerlaubten Handels mit Waffen und Sprengstoffen und im Bereich des unerlaubten Verkehrs mit giftigen und schädlichen Abfällen, die Zollbeamten;

für das Königreich der Niederlande: Die Beamten der Reichspolizei und der Gemeindepolizei, sowie, unter den in geeigneten bilateralen Vereinbarungen nach Absatz 6 festgelegten Bedingungen in bezug auf ihre Befugnisse im Bereich des unerlaubten Verkehrs mit Betäubungsmitteln und im Bereich des unerlaubten Handels mit Waffen und Sprengstoffen und des unerlaubten Verkehrs mit giftigen und schädlichen Abfällen, die Beamten des fiskalischen Nachrichten- und Fahndungsdienstes, die im Bereich der Einfuhrzölle und Verbrauchsteuern zuständig sind;

(5) Die in den Absätzen 1 und 2 genannte Behörde ist:

Für das Königreich Belgien: Das Generalkommissariat der Kriminalpolizei;

für die Bundesrepublik Deutschland: Das Bundeskriminalamt;

für die Französische Republik: Die Zentraldirektion der Kriminalpolizei;

für das Großherzogtum Luxemburg: Der Generalstaatsanwalt;

für das Königreich der Niederlande: Der landesweit zuständige Staatsanwalt für grenzüberschreitende Observation.

(6) Die Vertragsparteien können im Wege bilateraler Vereinbarungen den Anwendungsbereich dieses Artikels erweitern und zusätzliche Regelungen zu seiner Durchführung treffen.

(7) Eine Observation nach Absatz 2 ist nur zulässig, wenn eine der nachstehenden Straftaten zugrunde liegt:

- Mord,
- Totschlag,
- Vergewaltigung,
- Vorsätzliche Brandstiftung,
- Falschmünzerei,
- Schwerer Diebstahl, Hehlerei und Raub,
- Erpressung,
- Entführung und Geiselnahme,
- Menschenhandel,
- Unerlaubter Verkehr mit Betäubungsmitteln,
- Verstoß gegen die gesetzlichen Vorschriften über Waffen und Sprengstoff,
- Vernichtung durch Sprengstoffe,
- Unerlaubter Verkehr mit giftigen und schädlichen Abfällen.

Artikel 41

(1) Beamte einer Vertragspartei, die in ihrem Land eine Person verfolgen, die auf frischer Tat bei der Begehung von oder der Teilnahme an einer Straftat nach Absatz 4 betroffen wird, sind befugt, die Verfolgung auf dem Hoheitsgebiet einer anderen Vertragspartei ohne deren vorherige Zustimmung fortzusetzen, wenn die zuständigen Behörden der anderen Vertragspartei wegen der besonderen Dringlichkeit der Angelegenheit nicht zuvor mit einem der in Artikel 44 vorgesehenen Kommunikationsmittel unterrichtet werden konnten oder nicht rechtzeitig zur Stelle sind, um die Verfolgung zu übernehmen.

Gleiches gilt, wenn die verfolgte Person sich in Untersuchungshaft oder Strafhaft befand und aus der Haft geflohen ist.

Spätestens beim Grenzübertritt nehmen die nacheilenden Beamten Kontakt mit der zuständigen Behörde des Gebietsstaates auf. Die Verfolgung ist einzustellen, sobald die Vertragspartei, auf deren Hoheitsgebiet die Verfolgung stattfinden soll, dies verlangt. Auf Ersuchen der nacheilenden Beamten ergreifen die örtlich zuständigen Behörden die betroffene Person, um ihre Identität festzustellen oder die Festnahme vorzunehmen.

(2) Die Nacheile wird gemäß einer der nachfolgenden Modalitäten ausgeübt, die in der Erklärung nach Absatz 9 festgelegt werden:

a) Die nacheilenden Beamten haben kein Festhalterecht.

b) Wenn kein Einstellungsverlangen vorliegt und die örtlichen Behörden nicht rechtzeitig herangezogen werden können, dürfen die nacheilenden Beamten die Person festhalten, bis die Beamten des Gebietsstaates, die unverzüglich zu unterrichten sind, die Identitätsfeststellung oder die Festnahme vornehmen.

(3) Die in den Absätzen 1 und 2 vorgesehene Nacheile wird gemäß einer der nachfolgenden Modalitäten ausgeübt, die in der Erklärung nach Absatz 9 festgelegt werden:

a) Innerhalb eines in der Erklärung bestimmten Gebietes oder während einer darin bestimmten Zeit vom Überschreiten der Grenze an;

b) ohne räumliche oder zeitliche Begrenzung.

(4) In der Erklärung nach Absatz 9 legen die Vertragsparteien die in Absatz 1 vorgesehenen Straftaten gemäß einer der nachfolgenden Modalitäten fest:

a) Straftatenkatalog:

- Mord,
- Totschlag,
- Vergewaltigung,
- Vorsätzliche Brandstiftung,
- Falschmünzerei,
- Schwerer Diebstahl, Hehlerei und Raub,
- Erpressung,
- Entführung und Geiselnahme,
- Menschenhandel,
- Unerlaubter Verkehr mit Betäubungsmitteln,
- Verstoß gegen die gesetzlichen Vorschriften über Waffen und Sprengstoffe,
- Vernichtung durch Sprengstoffe,
- Unerlaubter Verkehr mit giftigen und schädlichen Abfällen.
- Unerlaubtes Entfernen nach einem Unfall mit schwerer Körperverletzung oder Todesfolge;

b) die auslieferungsfähigen Straftaten.

(5) Die Nacheile darf nur unter folgenden allgemeinen Voraussetzungen ausgeübt werden:

a) Die nacheilenden Beamten sind an die Bestimmungen dieses Artikels und das Recht der Vertragspartei, auf deren Hoheitsgebiet sie auftreten, gebunden; sie haben Anordnungen der örtlich zuständigen Behörden zu befolgen.

b) Die Nacheile findet lediglich über die Landgrenzen statt.

c) Das Betreten von Wohnungen und öffentlich nicht zugänglichen Grundstücken ist nicht zulässig.

d) Die nacheilenden Beamten müssen als solche eindeutig erkennbar sein, entweder durch eine Uniform, eine Armbinde oder durch an dem Fahrzeug angebrachte Zusatzeinrichtungen; das Tragen von Zivilkleidung unter Benutzung eines getarnten Polizeifahrzeuges ohne die vorgenannte Kennzeichnung ist nicht zulässig; die nacheilenden Beamten müssen jederzeit in der Lage sein, ihre amtliche Funktion nachzuweisen.

e) Die nacheilenden Beamten dürfen ihre Dienstwaffe mit sich führen; der Gebrauch ist mit Ausnahme des Falles der Notwehr nicht zulässig.

f) Die nach Absatz 2 Buchstabe b ergriffene Person darf im Hinblick auf ihre Vorführung vor die örtlichen Behörden lediglich einer Sicherheitsdurchsuchung unterzogen werden; es dürfen ihr während der Beförderung Handschellen angelegt werden; die von der verfolgten Person mitgeführten Gegenstände dürfen sichergestellt werden.

g) Die nacheilenden Beamten melden sich nach jedem Einschreiten gemäß den Absätzen 1, 2 und 3 bei den örtlich zuständigen Behörden der Vertragspartei, auf deren Hoheitsgebiet sie gehandelt haben und erstatten Bericht; auf Ersuchen dieser Behörden sind sie verpflichtet, sich bis zur Klärung des Sachverhalts bereitzuhalten; gleiches gilt auch, wenn die verfolgte Person nicht festgenommen werden konnte.

h) Die Behörden der Vertragspartei, aus deren Hoheitsgebiet die nacheilenden Beamten kommen, unterstützen auf Ersuchen die nachträglichen Ermittlungen einschließlich gerichtlicher Verfahren der Vertragspartei, auf deren Hoheitsgebiet eingeschritten wurde.

(6) Die Person, die gemäß Absatz 2 durch die örtlich zuständigen Behörden festgenommen wurde, kann ungeachtet ihrer Staatsangehörigkeit zum Zwecke der Vernehmung festgehalten werden. Die einschlägigen Bestimmungen des nationalen Rechts finden sinngemäß Anwendung.

Hat die Person nicht die Staatsangehörigkeit der Vertragspartei, in deren Hoheitsgebiet sie aufgegriffen wurde, wird sie spätestens sechs Stunden nach ihrer Ergreifung freigelassen, wobei die Stunden zwischen Mitternacht und neun Uhr nicht mitzählen, es sei denn, die örtlich zuständigen Behörden erhalten vor Ablauf dieser Frist ein Ersuchen gleich in welcher Form um vorläufige Festnahme zum Zwecke der Auslieferung.

(7) Die in den Absätzen 1 bis 6 genannten Beamten sind:

Für das Königreich Belgien: Die Beamten der Kriminalpolizei bei den Staatsanwaltschaften, der Gendarmerie und der Gemeindepolizei sowie, unter den in geeigneten bilateralen Vereinbarungen nach Absatz 10 festgelegten Bedingungen in bezug auf ihre Befugnisse im Bereich des unerlaubten Verkehrs mit Betäubungsmitteln und im Bereich des unerlaubten Handels mit Waffen und Sprengstoffen und des unerlaubten Verkehrs mit giftigen und schädlichen Abfällen, die Zollbeamten;

für die Bundesrepublik Deutschland: Die Beamten der Polizeien des Bundes und der Länder sowie, beschränkt auf den Bereich des unerlaubten Verkehrs mit Betäubungsmitteln und des unerlaubten Handels mit Waffen, die Beamten des Zollfahndungsdienstes als Hilfsbeamte der Staatsanwaltschaft;

für die Französische Republik: Die Beamten und die Hilfsbeamten der kriminalpolizeilichen Abteilungen der Nationalen Polizei und der Nationalen Gendarmerie sowie, unter den in geeigneten bilateralen Vereinbarungen nach Absatz 10 festgelegten Bedingungen in bezug auf ihre Befugnisse im Bereich des unerlaubten Verkehrs mit Betäubungsmitteln und im Bereich des unerlaubten Verkehrs mit giftigen und schädlichen Abfällen, die Zollbeamten;

für das Großherzogtum Luxemburg: Die Beamten der Gendarmerie und der Polizei, sowie, unter den in geeigneten bilateralen Vereinbarungen nach Absatz 10 festgelegten Bedingungen in bezug auf ihre Befugnisse im Bereich des unerlaubten Verkehrs mit Betäubungsmitteln, im Bereich des unerlaubten Handels mit Waffen und Sprengstoffen und im Bereich des unerlaubten Verkehrs mit giftigen und schädlichen Abfällen, die Zollbeamten;

für das Königreich der Niederlande: Die Beamten der Reichspolizei und der Gemeindepolizei, sowie, unter den in geeigneten bilateralen Vereinbarungen nach Absatz 10 festgelegten Bedingungen in bezug auf ihre Befugnisse im Bereich des unerlaubten Verkehrs mit Betäubungsmitteln und im Bereich des unerlaubten Handels mit Waffen und Sprengstoffen und des unerlaubten Verkehrs mit giftigen und schädlichen Abfällen, die Beamten des fiskalischen Nachrichten- und Fahndungsdienstes, die im Bereich der Einfuhrzölle und Verbrauchsteuern zuständig sind;

(8) Für die betreffenden Vertragsparteien bleibt Artikel 27 des Beneluxübereinkommens über Auslieferung und Rechtshilfe in Strafsachen vom 27. Juni 1962 in der Fassung des Protokolls vom 11. Mai 1974 unberührt.

(9) Bei der Unterzeichnung dieses Übereinkommens gibt jede Vertragspartei eine Erklärung ab, in der sie bezüglich jeder Vertragspartei, mit der sie eine gemeinsame Grenze hat, die Modalitäten der Ausübung des Nacheilerechts in ihrem Hoheitsgebiet nach Maßgabe der Absätze 2, 3 und 4 festlegt.

Jede Vertragspartei kann zu jedem Zeitpunkt ihre Erklärung durch eine andere Erklärung ersetzen, soweit diese nicht die Tragweite der früheren Erklärung einschränkt.

Jeder Erklärung geht eine vorherige Abstimmung mit allen betroffenen Vertragsparteien voraus, wobei die Gleichwertigkeit der auf beiden Seiten der Binnengrenzen geltenden Regelungen angestrebt wird.

(10) Die Vertragsparteien können im Wege bilateraler Vereinbarungen den Anwendungsbereich des Absatzes 1 erweitern und zusätzliche Regelungen zur Durchführung dieses Artikels treffen.

Artikel 42

Während eines Einschreitens nach Maßgabe der Artikel 40 und 41 werden die Beamten, die im Hoheitsgebiet einer anderen Vertragspartei eine Aufgabe erfüllen, den Beamten dieser Vertragspartei in bezug auf die Straftaten, denen diese Beamten zum Opfer fallen oder die sie begehen würden, gleichgestellt.

Artikel 43

(1) Wenn Beamte einer Vertragspartei nach den Artikeln 40 und 41 dieses Übereinkommens auf dem Hoheitsgebiet einer anderen Vertragspartei einschreiten, haftet die erste Vertragspartei nach Maßgabe des nationalen Rechts dieser anderen Vertragspartei für den durch die Beamten bei diesem Einschreiten dort verursachten Schaden.

(2) Die Vertragspartei, auf deren Hoheitsgebiet der in Absatz 1 genannte Schaden verursacht wird, verpflichtet sich, diesen Schaden so zu ersetzen, wie sie ihn ersetzen müßte, wenn ihre eigenen Beamten ihn verursacht hätten.

(3) Die Vertragspartei, deren Beamte den Schaden auf dem Hoheitsgebiet einer anderen Vertragspartei verursacht haben, erstattet dieser anderen Vertragspartei den Gesamtbetrag des Schadensersatzes, den diese an die Geschädigten oder ihre Rechtsnachfolger geleistet hat.

(4) Vorbehaltlich der Ausübung ihrer Rechte gegenüber Dritten und außer der Bestimmung des Absatzes 3 verzichtet jede Vertragspartei in dem Fall des Absatzes 1 darauf, den Betrag des erlittenen Schadens anderen Vertragsparteien gegenüber geltend zu machen.

Artikel 44

(1) Die Vertragsparteien schaffen nach Maßgabe der entsprechenden internationalen Verträge und unter Berücksichtigung der örtlichen Gegebenheiten und der technischen Möglichkeiten – insbesondere in den Grenzregionen – direkte Telefon-, Funk-, Telex- und andere Verbindungen zum Zwecke der Erleichterung der polizeilichen und zollrechtlichen Zusammenarbeit, insbesondere im Hinblick auf die rechtzeitige Übermittlung von Informationen im Zusammenhang mit der grenzüberschreitenden Observation und Nacheile.

(2) Über diese Sofortmaßnahmen hinaus werden sie insbesondere die nachstehenden Möglichkeiten prüfen:

a) Austausch von Material oder Entsendung von Verbindungsbeamten, die über geeignete Funkgeräte verfügen;

b) Erweiterung der in den Grenzregionen benutzten Frequenzbänder;

c) Einrichtung einer gemeinsamen Verbindung zwischen den in derselben Region tätigen Polizei- und Zolldienststellen;

d) Koordinierung ihrer Programme für den Erwerb von Kommunikationsgeräten mit dem Ziel der Einrichtung genormter und kompatibler Kommunikationssysteme.

Artikel 45

(1) Die Vertragsparteien verpflichten sich, die erforderlichen Maßnahmen zu ergreifen, um sicherzustellen, daß

a) der Leiter einer Beherbergungsstätte oder seine Beauftragten darauf hinwirken, daß beherbergte Ausländer, einschließlich der Angehörigen anderer Vertragsparteien sowie anderer Mitgliedstaaten der Europäischen Gemeinschaften, soweit es sich nicht um mitreisende Ehegatten und minderjährige Kinder sowie Teilnehmer von Reisegesellschaften handelt, Meldevordrucke eigenhändig ausfüllen und unterschreiben und sich dabei gegenüber dem Leiter der Beherbergungsstätte oder seinem Beauftragten durch Vorlage eines gültigen Identitätsdokuments ausweisen;

b) die nach Buchstabe a ausgefüllten Meldevordrucke für die zuständigen Behörden bereitgehalten oder diesen übermittelt werden, wenn dies nach deren Feststellung für Zwecke der Gefahrenabwehr, der Strafverfolgung oder der Aufklärung des Schicksals von Vermißten oder Unfallopfern erforderlich ist, soweit im nationalen Recht nichts anderes geregelt ist.

(2) Absatz 1 findet sinngemäß Anwendung, wenn Personen auf Plätzen, die geschäftsmäßig überlassen werden, insbesondere in Zelten, Wohnwagen und Wasserfahrzeugen übernachten.

Artikel 46

(1) Jede Vertragspartei kann nach Maßgabe ihres nationalen Rechts ohne Ersuchen im Einzelfall der jeweils betroffenen Vertragspartei Informationen mitteilen, die für den Empfänger zur Unterstützung bei der Bekämpfung zukünftiger Straftaten, zur Verhütung einer Straftat oder zur Abwehr von Gefahren für die öffentliche Sicherheit und Ordnung von Bedeutung sein können.

(2) Der Informationsaustausch wird unbeschadet der Regelung zur Zusammenarbeit in den Grenzgebieten in Artikel 39 Absatz 4 über eine zu benennende zentrale Stelle abgewickelt. In besonders eilbedürftigen Fällen kann der Informationsaustausch im Sinne dieses Artikels unmittelbar zwischen den betroffenen Polizeibehörden erfolgen, vorbehaltlich abweichender Regelungen im nationalen Recht. Die zentrale Stelle wird hiervon so bald wie möglich in Kenntnis gesetzt.

Artikel 47

(1) Die Vertragsparteien können bilaterale Absprachen über die befristete oder unbefristete Entsendung von Verbindungsbeamten einer Vertragspartei zu Polizeidienststellen einer anderen Vertragspartei treffen.

(2) Die unbefristete oder befristete Entsendung von Verbindungsbeamten hat zum Ziel, die Zusammenarbeit zwischen den Vertragsparteien zu fördern und zu beschleunigen, insbesondere durch

a) Unterstützung des Informationsaustausches zur präventiven und repressiven Verbrechensbekämpfung;

b) Unterstützung bei politischer und justitieller Rechtshilfe in Strafsachen;

c) Unterstützung der grenzüberwachenden Behörden an den Außengrenzen.

(3) Die Verbindungsbeamten werden beratend und unterstützend tätig. Sie sind nicht zur selbständigen Durchführung von politischen Maßnahmen berechtigt. Sie erteilen Informationen und erledigen ihre Aufträge im Rahmen der ihnen von der entsendenden Vertragspartei und der Vertragspartei, in die sie entsandt worden sind, erteilten Weisungen. Sie berichten regelmäßig an den Leiter des Polizeidienstes, zu dem sie entsandt sind.

(4) Die Vertragsparteien können bilateral oder multilateral vereinbaren, daß die in Drittstaaten tätigen Verbindungsbeamten bei ihrer Tätigkeit auch die Interessen einer oder mehrerer anderer Vertragsparteien mitwahrnehmen. Nach Maßgabe dieser Absprachen übermitteln die in Drittstaaten entsandten Verbindungsbeamten den anderen Vertragsparteien auf deren Ersuchen oder selbständig Informationen und erledigen Aufträge im Rahmen ihrer Zuständigkeit. Die Vertragsparteien informieren sich gegenseitig, in welche Drittstaaten sie Verbindungsbeamte zu entsenden beabsichtigen.

KAPITEL 2

Rechtshilfe in Strafsachen

Artikel 48

(1) Die Bestimmungen dieses Kapitels sollen das Europäische Übereinkommen über Rechtshilfe in Strafsachen vom 20. April 1959 ergänzen und seine Anwendung erleichtern. In den Beziehungen zwischen den Vertragsparteien, die der Benelux-Wirtschaftsunion angehören, gilt Satz 1 sinngemäß für Kapitel II des Benelux-Übereinkommens über Auslieferung und Rechtshilfe in Strafsachen vom 27. Juni 1962 in der Fassung des Protokolls vom 11. Mai 1974.

(2) Die zwischen den Vertragsparteien geltenden weitergehenden Bestimmungen aufgrund bilateraler Abkommen bleiben unberührt.

Artikel 49

Rechtshilfe wird auch geleistet

a) in Verfahren wegen Handlungen, die nach dem nationalen Recht einer oder beider Vertragsparteien als Zuwiderhandlungen gegen Ordnungsvorschriften durch Behörden geahndet werden, gegen deren Entscheidung ein auch in Strafsachen zuständiges Gericht angerufen werden kann;

b) in Verfahren über Ansprüche auf Entschädigung für Strafverfolgungsmaßnahmen und ungerechtfertigte Verurteilungen;

c) in Gnadensachen;

d) in Zivilsachen, die mit einer Strafklage verbunden sind, solange das Strafgericht noch nicht endgültig über die Strafklage entschieden hat;

e) bei der Zustellung von Urkunden bezüglich der Vollstreckung einer Strafe oder einer Maßregel der Sicherung und Besserung, der Einziehung einer Geldbuße oder der Zahlung der Gerichtskosten;

f) bei Maßnahmen betreffend die Aussetzung des Ausspruchs oder der Vollstreckung einer Strafe oder Maßregel der Sicherung und Besserung, die bedingte Entlassung, den Aufschub des Vollstreckungsbeginns einer Strafe oder Maßregel der Sicherung und Besserung oder die Unterbrechung der Vollstreckung.

Artikel 50

(1) Die Vertragsparteien verpflichten sich, Rechtshilfe nach Maßgabe der in Artikel 48 erwähnten Übereinkommen zu leisten wegen Verstößen gegen die gesetzlichen Bestimmungen und Vorschriften im Bereich der Verbrauchsteuern, der Mehrwertsteuern und des Zolls. Als Zollgesetze gelten die in Artikel 2 des Übereinkommens zwischen Belgien, der Bundesrepublik Deutschland, Frankreich, Italien, Luxemburg und den Niederlanden über die gegenseitige Unterstützung ihrer Zollverwaltungen vom 7. September 1967 aufgeführten Vorschriften sowie die in Artikel 2 der Verordnung (EWG) Nr. 1468/81 des Rates vom 19. Mai 1981 aufgeführten Vorschriften.

(2) Ersuchen in Verfahren wegen des Verdachts der Hinterziehung von Verbrauchsteuern dürfen nicht mit der Begründung abgelehnt werden, daß von der ersuchten Vertragspartei Verbrauchsteuern auf die in dem Ersuchen genannten Waren nicht erhoben werden.

(3) Die ersuchende Vertragspartei übermittelt und verwendet von der ersuchten Vertragspartei erhaltene Informationen oder Beweismittel für andere als in dem Ersuchen bezeichnete Ermittlungen, Strafverfolgungen oder Verfahren nur mit vorheriger Zustimmung der ersuchten Vertragspartei.

(4) Rechtshilfe im Sinne dieses Artikels kann verweigert werden, wenn der verkürzte oder erschlichene Betrag 25000,– ECU oder der Wert der unerlaubt ein- oder ausgeführten Waren 100000,– ECU voraussichtlich nicht übersteigt, es sei denn, die Tat wird wegen ihrer Art oder wegen der Person des Täters von der ersuchenden Vertragspartei als sehr schwerwiegend betrachtet.

(5) Die Vorschriften dieses Artikels finden auch Anwendung, wenn die erbetene Rechtshilfe sich erstreckt auf Handlungen, die nur mit einer Geldbuße geahndet werden (Ordnungswidrigkeiten) und das Ersuchen von einer Justizbehörde gestellt wird.

Artikel 51

Die Vertragsparteien unterwerfen die Erledigung von Rechtshilfeersuchen um Durchsuchung und Beschlagnahme keinen weitergehenden Bedingungen als denen, daß

a) die dem Rechtshilfeersuchen zugrunde liegende Tat nach dem Recht beider Vertragsparteien mit einer Freiheitsstrafe oder die Freiheit beschränkenden Maßregel der Sicherung und Besserung im Höchstmaß von mindestens sechs Monaten bedroht ist, oder nach dem Recht einer der beiden Vertragsparteien mit einer Sanktion des gleichen Höchstmaßes bedroht ist und nach dem Recht der anderen Vertragspartei als Zuwiderhandlung gegen Ordnungsvorschriften durch Behörden geahndet wird, gegen deren Entscheidung ein auch in Strafsachen zuständiges Gericht angerufen werden kann;

b) die Erledigung des Rechtshilfeersuchens im übrigen mit dem Recht der ersuchten Vertragspartei vereinbar ist.

Artikel 52

(1) Jede Vertragspartei kann Personen, die sich im Hoheitsgebiet einer anderen Vertragspartei aufhalten, gerichtliche Urkunden unmittelbar durch die Post übersenden. Eine Liste der Urkunden, die auf diesem Wege übersandt werden dürfen, wird dem Exekutivausschuß von den Vertragsparteien zugeleitet.

(2) Wenn Anhaltspunkte dafür vorliegen, daß der Zustellungsempfänger der Sprache, in der die Urkunde abgefaßt ist, unkundig ist, ist die Urkunde – oder zumindest die wesentlichen Passagen – in die Sprache oder in eine der Sprachen der Vertragspartei, in deren Hoheitsgebiet der Empfänger sich aufhält, zu übersetzen. Wenn der zustellenden Behörde bekannt ist, daß der Empfänger nur einer anderen Sprache kundig ist, ist die Urkunde – oder zumindest die wesentlichen Passagen – in diese andere Sprache zu übersetzen.

(3) Der Zeuge oder Sachverständige, dem eine Vorladung auf postalischem Wege übermittelt worden ist und der dieser nicht Folge leistet, darf selbst dann, wenn die Vorladung Zwangsandrohungen enthält, nicht bestraft oder einer Zwangsmaßnahme unterworfen werden, sofern er sich nicht später freiwillig in das Hoheitsgebiet der ersuchenden Vertragspartei begibt und dort erneut ordnungsgemäß vorgeladen wird. Die zustellende Behörde achtet darauf, daß auf postalischem Wege übersandte Vorladungen keine Zwangsandrohungen enthalten. Artikel 34 des Benelux-Übereinkommens über Auslieferung und Rechtshilfe in Strafsachen vom 27. Juni 1962 in der Fassung des Protokolls vom 11. Mai 1974 wird hiervon nicht berührt.

(4) Liegt dem Rechtshilfeersuchen eine Handlung zugrunde, die sowohl nach dem Recht der ersuchten als auch nach dem Recht der ersuchenden Vertragspartei als Zuwiderhandlung gegen Ordnungsvorschriften durch Behörden geahndet wird, gegen deren Entscheidung ein auch in Strafsachen zuständiges Gericht angerufen werden kann, so ist bei der Zustellung von Urkunden grundsätzlich nach Absatz 1 zu verfahren.

(5) Unbeschadet des Absatzes 1 kann die Zustellung von gerichtlichen Urkunden durch Übermittlung der Justizbehörde der ersuchten Vertragspartei vorgenommen werden, wenn die Anschrift des Empfängers unbekannt ist oder die ersuchende Vertragspartei eine förmliche Zustellung fordert.

Artikel 53

(1) Die Rechtshilfeersuchen und die entsprechenden Antworten können unmittelbar von Justizbehörde zu Justizbehörde übermittelt werden.

(2) Absatz 1 läßt die Möglichkeit unberührt, daß Ersuchen durch die Justizministerien oder über die nationalen Zentralbüros der Internationalen Kriminalpolizeilichen Organisation gestellt oder beantwortet werden.

(3) Für Ersuchen um vorübergehende Überstellung oder Durchbeförderung von Personen, die sich in Untersuchungs- oder Strafhaft befinden, oder aufgrund der Anordnung einer die Freiheit beschränkenden Maßregel der Sicherung und Besserung untergebracht sind sowie für den regelmäßigen oder gelegentlichen Informationsaustausch aus den Justizdokumentationen ist der justizministerielle Geschäftsweg einzuhalten.

(4) Justizministerien im Sinne des Europäischen Übereinkommens über Rechtshilfe in Strafsachen vom 20. April 1959 sind für die Bundesrepublik Deutschland der Bundesminister der Justiz und die Justizminister/-senatoren der Länder.

(5) Anzeigen zum Zwecke der Strafverfolgung nach Artikel 21 des Europäischen Übereinkommens über Rechtshilfe in Strafsachen vom 20. April 1959 oder Artikel 42 des Benelux-Übereinkommens über Auslieferung und Rechtshilfe in Strafsachen vom 27. Juni 1962 in der Fassung des Protokolls vom 11. Mai 1974 wegen Zuwiderhandlungen gegen die Lenk- und Ruhezeitvorschriften können durch die Justizbehörden der ersuchenden Vertragspartei unmittelbar an die Justizbehörde der ersuchten Vertragspartei gesandt werden.

KAPITEL 3

Verbot der Doppelbestrafung

Artikel 54

Wer durch eine Vertragspartei rechtskräftig abgeurteilt worden ist, darf durch eine andere Vertragspartei wegen derselben Tat nicht verfolgt werden, vorausgesetzt, daß im Fall einer Verurteilung die Sanktion bereits vollstreckt worden ist, gerade vollstreckt wird oder nach dem Recht des Urteilsstaats nicht mehr vollstreckt werden kann.

Artikel 55

(1) Eine Vertragspartei kann bei der Ratifikation, der Annahme oder der Genehmigung dieses Übereinkommens erklären, daß sie in einem oder mehreren der folgenden Fälle nicht durch Artikel 54 gebunden ist:

a) Wenn die Tat, die dem ausländischen Urteil zugrunde lag, ganz oder teilweise in ihrem Hoheitsgebiet begangen wurde; im letzteren Fall gilt diese Ausnahme jedoch nicht, wenn diese Tat teilweise im Hoheitsgebiet der Vertragspartei begangen wurde, in dem das Urteil ergangen ist;

b) wenn die Tat, die dem ausländischen Urteil zugrunde lag, eine gegen die Sicherheit des Staates oder andere gleichermaßen wesentliche Interessen dieser Vertragspartei gerichtete Straftat darstellt;

c) wenn die Tat, die dem ausländischen Urteil zugrunde lag, von einem Bediensteten dieser Vertragspartei unter Verletzung seiner Amtspflichten begangen wurde.

(2) Eine Vertragspartei, die eine solche Erklärung betreffend eine der in Absatz 1 Buchstabe b genannten Ausnahmen abgibt, bezeichnet die Arten von Straftaten, auf die solche Ausnahmen Anwendung finden können.

(3) Eine Vertragspartei kann eine solche Erklärung betreffend eine oder mehrere in Absatz 1 genannten Ausnahmen jederzeit zurücknehmen.

(4) Ausnahmen, die Gegenstand einer Erklärung nach Absatz 1 waren, finden keine Anwendung, wenn die betreffende Vertragspartei die andere Vertragspartei wegen derselben Tat um Verfolgung ersucht oder die Auslieferung des Betroffenen bewilligt hat.

Artikel 56

Wird durch eine Vertragspartei eine erneute Verfolgung gegen eine Person eingeleitet, die bereits durch eine andere Vertragspartei wegen derselben Tat rechtskräftig abgeurteilt wurde, so wird jede in dem Hoheitsgebiet der zuletzt genannten Vertragspartei wegen dieser Tat erlittene Freiheitsentziehung auf eine etwa zu verhängende Sanktion angerechnet. Soweit das nationale Recht dies erlaubt, werden andere als freiheitsentziehende Sanktionen ebenfalls berücksichtigt, sofern sie bereits vollstreckt wurden.

Artikel 57

(1) Ist eine Person im Hoheitsgebiet einer Vertragspartei wegen einer Straftat angeschuldigt und haben die zuständigen Behörden dieser Vertragspartei Grund zu der Annahme, daß die Anschuldigung dieselbe Tat betrifft, deretwegen der Betreffende im Hoheitsgebiet einer anderen Vertragspartei bereits rechtskräftig abgeurteilt wurde, so ersuchen sie, sofern sie es für erforderlich halten, die zuständigen Behörden der Vertragspartei, in deren Hoheitsgebiet die Entscheidung ergangen ist, um sachdienliche Auskünfte.

(2) Die erbetenen Auskünfte werden sobald wie möglich erteilt und sind bei der Entscheidung über eine Fortsetzung des Verfahrens zu berücksichtigen.

(3) Jede Vertragspartei gibt bei der Ratifikation, der Annahme oder der Genehmigung dieses Übereinkommens die Behörden an, die befugt sind, um Auskünfte nach diesem Artikel zu ersuchen und solche entgegenzunehmen.

Artikel 58

Die vorstehenden Bestimmungen stehen der Anwendung weitergehender Bestimmungen des nationalen Rechts über die Geltung des Verbots der Doppelbestrafung in bezug auf ausländische Justizentscheidungen nicht entgegen.

KAPITEL 4

Auslieferung

Artikel 59

(1) Die Bestimmungen dieses Kapitels sollen das Europäische Auslieferungsübereinkommen vom 13. September 1957 ergänzen und seine Anwendung erleichtern. In den Beziehungen zwischen den Vertragsparteien, die der Benelux-Wirtschaftsunion angehören, gilt Satz 1 sinngemäß für Kapitel I des Benelux-Übereinkommens über Auslieferung und Rechtshilfe in Strafsachen vom 27. Juni 1962 in der Fassung des Protokolls vom 11. Mai 1974.

(2) Die zwischen den Vertragsparteien geltenden weitergehenden Bestimmungen aufgrund bilateraler Abkommen bleiben unberührt.

Artikel 60

Zwischen zwei Vertragsparteien, von denen eine keine Partei des Europäischen Auslieferungsübereinkommens vom 13. September 1957 ist, finden die Bestimmungen jenes Übereinkommens unter Berücksichtigung der Vorbehalte und Erklärungen Anwendung, die entweder bei der Ratifikation jenes Übereinkommens, oder – für Vertragsparteien, die keine Partei des Auslieferungsübereinkommens sind – bei der Ratifikation, Annahme oder Genehmigung des Übereinkommens gemacht werden.

Artikel 61

Die Französische Republik verpflichtet sich, auf Ersuchen einer anderen Vertragspartei die Personen zum Zwecke der Strafverfolgung auszuliefern, die wegen Handlungen verfolgt werden, die nach französischem Recht mit einer Freiheitsstrafe oder einer die Freiheit beschränkenden Maßregel der Sicherung und Besserung im Höchstmaß von mindestens zwei Jahren und nach dem Recht der ersuchenden Vertragspartei mit einer solchen von mindestens einem Jahr bedroht sind.

Artikel 62

(1) Für die Unterbrechung der Verjährung sind allein die Vorschriften der ersuchenden Vertragspartei maßgebend.

(2) Eine durch die ersuchte Vertragspartei erlassene Amnestie steht der Auslieferung nicht entgegen, es sei denn, daß die strafbare Handlung der Gerichtsbarkeit der ersuchten Vertragspartei unterliegt.

(3) Die Verpflichtung zur Auslieferung wird durch das Fehlen eines Strafantrages oder einer Ermächtigung, die nur nach dem Recht der ersuchten Vertragspartei erforderlich sind, nicht berührt.

Artikel 63

Die Vertragsparteien verpflichten sich, nach Maßgabe der in Artikel 59 erwähnten Übereinkommen die Personen auszuliefern, die durch die Justizbehörden der ersuchenden Vertragspartei im Zusammenhang mit einer strafbaren Handlung nach Artikel 50 Absatz 1 verfolgt werden oder zur Vollstreckung einer aufgrund einer solchen Handlung verhängten Strafe oder Maßnahme gesucht werden.

Artikel 64

Eine Ausschreibung im Schengener Informationssystem nach Artikel 95 ist einem Ersuchen um vorläufige Festnahme im Sinne des Artikels 16 des Europäischen Auslieferungsübereinkommens vom 13. September 1957 oder des Artikels 15 des Benelux-Übereinkommens über Auslieferung und Rechtshilfe in Strafsachen vom 27. Juni 1962 in der Fassung des Protokolls vom 11. Mai 1974 gleichgestellt.

Artikel 65

(1) Unbeschadet der Möglichkeit der Benutzung des diplomatischen Geschäftsweges werden Ersuchen um Auslieferung und Durchbeförderung von dem zuständigen Ministerium der ersuchenden Vertragspartei an das zuständige Ministerium der ersuchten Vertragspartei gerichtet.

(2) Die zuständigen Ministerien sind:

Für das Königreich Belgien: Das Ministerium der Justiz;

für die Bundesrepublik Deutschland: Der Bundesminister der Justiz und die Justizminister/-senatoren der Länder;

für die Französische Republik: Das Außenministerium;

für das Großherzogtum Luxemburg: Das Ministerium der Justiz;

für das Königreich der Niederlande: Das Ministerium der Justiz.

Artikel 66

(1) Erscheint die Auslieferung eines Verfolgten nach dem Recht der ersuchten Vertragspartei nicht offensichtlich unzulässig und stimmt der Verfolgte seiner Auslieferung nach persönlicher Belehrung über sein Recht auf Durchführung eines förmlichen Auslieferungsverfahrens zu Protokoll eines Richters oder zuständigen Beamten zu, so kann die ersuchte Vertragspartei die Auslieferung bewilligen, ohne ein förmliches Auslieferungsverfahren durchzuführen. Der Verfolgte hat das Recht, sich während der Belehrung von einem Rechtsanwalt unterstützen zu lassen.

(2) Im Falle einer Auslieferung nach Absatz 1 kann der Verfolgte, der ausdrücklich erklärt hat, auf den ihm aufgrund des Spezialitätsgrundsatzes zustehenden Schutz zu verzichten, diese Erklärung nicht widerrufen.

KAPITEL 5

Übertragung der Vollstreckung von Strafurteilen

Artikel 67

Für die Vertragsparteien, die dem Übereinkommen des Europarates vom 21. März 1983 über die Überstellung verurteilter Personen beigetreten sind, gilt die nachstehende Regelung als Ergänzung eines Übereinkommens.

Artikel 68

(1) Eine Vertragspartei, in deren Hoheitsgebiet ein Staatsangehöriger einer anderen Vertragspartei rechtskräftig zu einer Freiheitsstrafe oder einer die Freiheit beschränkenden Maßregel der Sicherung und Besserung verurteilt wurde, kann, wenn der Betroffene sich durch Flucht in sein eigenes Land der Vollstreckung oder der weiteren Vollstreckung der Strafe oder Maßregel entzogen hat, ein Ersuchen um Übernahme

der Vollstreckung an die Vertragspartei, in deren Hoheitsgebiet der Flüchtige angetroffen wird, richten.

(2) Die ersuchte Vertragspartei kann auf Ersuchen der ersuchenden Vertragspartei in Erwartung der Schriftstücke, die das Ersuchen um Übernahme der Vollstreckung der Strafe oder der Maßnahme oder des Restes der Strafe begründen und der dazu zu treffenden Entscheidung, den Verurteilten in Gewahrsam nehmen oder andere Maßnahmen zur Gewährleistung seiner Anwesenheit in dem Hoheitsgebiet der ersuchten Vertragspartei treffen.

Artikel 69

Die Übertragung der Strafvollstreckung nach Maßgabe des Artikels 68 bedarf nicht der Zustimmung der Person, gegen die eine Strafe oder eine Maßnahme verhängt wurde. Die anderen Bestimmungen des Übereinkommens des Europarates über die Überstellung verurteilter Personen vom 21. März 1983 finden sinngemäß Anwendung.

KAPITEL 6

Betäubungsmittel

Artikel 70

(1) Die Vertragsparteien bilden eine ständige Arbeitsgruppe, die die Aufgabe hat, gemeinschaftliche Probleme in bezug auf die Bekämpfung der Betäubungsmittelkriminalität zu untersuchen und gegebenenfalls Vorschläge zur notwendigen Verbesserung der praktischen und technischen Aspekte der Zusammenarbeit zwischen den Vertragsparteien zu machen. Die Arbeitsgruppe legt ihre Vorschläge dem Exekutivausschuß vor.

(2) Die Arbeitsgruppe nach Absatz 1, deren Mitglieder von den zuständigen nationalen Instanzen benannt werden, ist insbesondere aus Vertretern der für Aufgaben der Polizei und des Zolls zuständigen Behörden zusammengesetzt.

Artikel 71

(1) Die Vertragsparteien verpflichten sich, in bezug auf die unmittelbare oder mittelbare Abgabe von Suchtstoffen und psychotropen Stoffen aller Art einschließlich Cannabis und den Besitz dieser Stoffe zum Zwecke der Abgabe oder Ausfuhr unter Berücksichtigung der bestehenden Übereinkommen der Vereinten Nationen (*) alle notwendigen Maßnahmen zu treffen, die zur Unterbindung des unerlaubten Handels mit Betäubungsmitteln erforderlich sind.

---

* Einheitsübereinkommen von 1961 in der durch das Protokoll von 1972 zur Änderung des Einheitsübereinkommens von 1961 geänderten Fassung; Übereinkommen von 1971 über psychotrope Stoffe; Übereinkommen der Vereinten Nationen vom 20. Dezember 1988 über den unerlaubten Verkehr mit Suchtstoffen und psychotropen Stoffen.

(2) Unbeschadet der Artikel 74, 75 und 76 verpflichten sich die Vertragsparteien, die unerlaubte Ausfuhr von Betäubungsmitteln aller Art einschließlich Cannabis-Produkten sowie den Verkauf, die Verschaffung und die Abgabe dieser Mittel mit verwaltungsrechtlichen und strafrechtlichen Mitteln zu unterbinden.

(3) Zur Bekämpfung der unerlaubten Einfuhr von Suchtstoffen und psychotropen Stoffen aller Art einschließlich Cannabis verstärken die Vertragsparteien die Kontrollen des Personen- und des Warenverkehrs sowie der Transportmittel an den Außengrenzen. Einzelheiten werden durch die in Artikel 70 genannte Arbeitsgruppe festgelegt. Sie wird dabei insbesondere die Verlagerung eines Teils der an den Binnengrenzen freiwerdenden Kräfte der Polizei und des Zolls sowie den Einsatz moderner Rauschgiftdetektionsmethoden und von Rauschgiftspürhunden in Betracht ziehen.

(4) Die Vertragsparteien werden zur Einhaltung der Bestimmungen dieses Artikels Örtlichkeiten, an denen erfahrungsgemäß Rauschgifthandel betrieben wird, gezielt überwachen.

(5) Hinsichtlich der Eindämmung der unerlaubten Nachfrage nach Suchtstoffen und psychotropen Stoffen aller Art einschließlich Cannabis werden die Vertragsparteien ihr Möglichstes tun, den negativen Folgen dieser unerlaubten Nachfrage vorzubeugen und entgegenzuwirken. Die Maßnahmen dazu liegen im Verantwortungsbereich der einzelnen Vertragsparteien.

Artikel 72

Die Vertragsparteien werden im Rahmen ihrer Verfassung und ihrer Rechtsordnung gewährleisten, daß nationale gesetzliche Bestimmungen geschaffen werden, die die Sicherstellung und den Verfall von Vermögensgewinnen aus dem unerlaubten Betäubungsmittelhandel ermöglichen.

Artikel 73

(1) Die Vertragsparteien werden im Rahmen ihrer Verfassung und ihrer Rechtsordnung ermöglichen, daß die kontrollierte Lieferung bei dem unerlaubten Handel mit Betäubungsmitteln angewandt werden kann.

(2) Die Entscheidung zur Anordnung der kontrollierten Lieferung wird in jedem Einzelfall auf der Grundlage der Vorwegbewilligung der betroffenen Vertragsparteien getroffen.

(3) Die Herrschaft und die Befugnis zum Einschreiten liegt bei den Behörden der Vertragspartei, auf deren Hoheitsgebiet die Operation durchgeführt wird.

Artikel 74

In bezug auf den legalen Verkehr mit Suchtstoffen und psychotropen Stoffen vereinbaren die Vertragsparteien, die Kontrollen, die vor der Abschaffung der Grenzkontrollen an den Binnengrenzen gemäß den einschlägigen Verpflichtungen nach den in Artikel 71 aufgeführten Übereinkommen der Vereinten Nationen durchgeführt wurden, soweit wie möglich in das Binnenland zu verlegen.

Artikel 75

(1) Im Reiseverkehr in das Hoheitsgebiet der Vertragsparteien oder innerhalb desselben dürfen Personen, die im Rahmen einer ärztlichen Behandlung benötigten Betäubungsmittel mit sich führen, wenn sie eine von einer zuständigen Behörde ihres Aufenthaltsstaates ausgestellte oder beglaubigte Bescheinigung bei einer Kontrolle vorweisen.

(2) Die Form und der Inhalt der Bescheinigung nach Absatz 1, soweit sie von einer der Vertragsparteien ausgestellt wird, inbesondere die Angaben bezüglich der Art, der Menge und der Reisedauer werden von dem Exekutivausschuß festgelegt.

(3) Die Vertragsparteien unterrichten sich darüber, welche Behörden für die Ausstellung oder Beglaubigung der Bescheinigung nach Absatz 2 zuständig sind.

Artikel 76

(1) Die Vertragsparteien treffen soweit erforderlich unter Berücksichtigung ihrer ärztlichen, ethischen und praktischen Gepflogenheiten die geeigneten Maßnahmen für die Kontrolle von Suchtstoffen und psychotropen Stoffen, die im Hoheitsgebiet einer oder mehrerer Vertragsparteien strengeren Kontrollen als in ihrem eigenen Hoheitsgebiet unterliegen, damit die Wirksamkeit dieser strengeren Kontrollen nicht beeinträchtigt wird.

(2) Absatz 1 gilt auch für Stoffe, die häufig bei der Herstellung von Suchtstoffen oder psychotropen Stoffen Verwendung finden.

(3) Die Vertragsparteien informieren sich gegenseitig über ihre Maßnahmen zur Durchführung der Überwachung des legalen Verkehrs mit den in den Absätzen 1 und 2 genannten Stoffen.

(4) Der Exekutivausschuß berät regelmäßig über die hierbei auftretenden Probleme.

KAPITEL 7

Feuerwaffen und Munition

Artikel 77

(1) Die Vertragsparteien verpflichten sich, die nationalen Gesetze, Verordnungen und sonstigen Vorschriften über den Erwerb, den Besitz, den Vertrieb und das Überlassen von Feuerwaffen und Munition den Bestimmungen dieses Kapitels anzupassen.

(2) Dieses Kapitel gilt für den Erwerb, den Besitz, den Vertrieb und das Überlassen von Feuerwaffen und Munition durch natürliche und juristische Personen; es gilt nicht für die Lieferung an sowie den Erwerb und Besitz durch staatliche Dienststellen und Gebietskörperschaften, die Streitkräfte und die Polizei, ferner nicht für die Herstellung durch staatliche Unternehmen.

Artikel 78

(1) Die Feuerwaffen werden im Rahmen dieses Kapitels wie folgt klassifiziert:
a) verbotene Waffen,
b) erlaubnispflichtige Waffen,
c) meldepflichtige Waffen.

(2) Auf Verschluß, Patronenlager und Lauf der Feuerwaffen sind die Vorschriften entsprechend anzuwenden, die für den Gegenstand gelten, dessen Bestandteil sie sind oder werden sollen.

(3) Als Kurzwaffen im Sinne dieses Übereinkommens gelten Feuerwaffen, deren Lauf nicht länger als 30 cm ist oder deren Gesamtlänge 60 cm nicht überschreitet; Langwaffen sind alle anderen Feuerwaffen.

Artikel 79

(1) In die Liste der verbotenen Feuerwaffen und Munition sind die folgenden Gegenstände aufzunehmen:

a) Feuerwaffen, die üblicherweise als Kriegsschußwaffen verwendet werden;

b) vollautomatische Feuerwaffen, auch wenn sie keine Kriegsschußwaffen sind;

c) Feuerwaffen, die einen anderen Gegenstand vortäuschen;

d) panzerbrechende Munition, Munition mit Spreng- und Brandsätzen sowie Geschosse für diese Munition;

e) Pistolen- und Revolvermunition mit Dumdum-Geschossen oder Hohlspitzgeschossen sowie Geschosse für diese Munition.

(2) Die zuständigen Behörden können in Einzelfällen für die in Absatz 1 aufgeführten Feuerwaffen und Munition eine Erlaubnis erteilen, wenn Gründe der öffentlichen Sicherheit und Ordnung dem nicht entgegenstehen.

Artikel 80

(1) In der Liste der Feuerwaffen, für deren Erwerb und Besitz eine Erlaubnis erforderlich ist, sind mindestens folgende Feuerwaffen aufzunehmen, soweit sie nicht verboten sind:

a) Halbautomatische Kurz-Feuerwaffen und kurze Repetier-Feuerwaffen;

b) kurze Einzellader- Feuerwaffen mit Zentralfeuerzündung;

c) kurze Einzellader-Feuerwaffen mit Randfeuerzündung mit einer Gesamtlänge von weniger als 28 cm;

d) halbautomatische Lang-Feuerwaffen, deren Magazin und Patronenlager mehr als drei Patronen aufnehmen kann;

e) lange Repetier-Feuerwaffen und halbautomatische Feuerwaffen mit glattem Lauf, deren Lauf nicht länger als 60 cm ist;

f) zivile halbautomatische Feuerwaffen, die wie vollautomatische Kriegswaffen aussehen.

(2) In die Liste der erlaubnispflichtigen Feuerwaffen sind nicht aufzunehmen:

a) Schreckschuß-, Reizstoff- und Signalwaffen, sofern bei diesen Waffen durch technische Maßnahmen sichergestellt ist, daß sie mit allgemein gebräuchlichen Werkzeugen nicht zu Waffen zum Verschießen fester Körper umgebaut werden können und das Verschießen eines Reizstoffes keine dauernden körperlichen Schädigungen zufügen kann;

b) halbautomatische Lang-Feuerwaffen, deren Magazin und Patronenlager nicht mehr als drei Patronen aufnehmen kann, ohne daß sie neu geladen werden, und unter der Bedingung, daß das Magazin auswechselbar ist, oder soweit sichergestellt ist, daß sie mit allgemein gebräuchlichen Werkzeugen nicht umgebaut werden können zu Waffen, deren Magazin und Patronenlager mehr als drei Patronen aufnehmen kann.

Artikel 81

In die Liste der meldepflichtigen Feuerwaffen sind, sofern diese Waffen weder verboten noch erlaubnispflichtig sind, aufzunehmen:

a) lange Repetier-Feuerwaffen;

b) lange Einzellader-Feuerwaffen mit gezogenem Lauf oder gezogenen Läufen,

c) kurze Einzellader-Feuerwaffen mit Randfeuerzündung mit einer Gesamtlänge von mehr als 28 cm;

d) die in Artikel 80 Absatz 2 Buchstabe b aufgeführten Feuerwaffen.

Artikel 82

Die Listen der in den Artikeln 79, 80 und 81 aufgeführten Feuerwaffen umfassen folgende Gegenstände nicht:

a) Feuerwaffen, deren Modell vor dem 1. Januar 1870 entwickelt worden ist oder die vor diesem Zeitpunkt hergestellt worden sind – vorbehaltlich Ausnahmen –, wenn in ihnen keine Munition geladen werden kann, die für verbotene oder erlaubnispflichtige Feuerwaffen bestimmt ist;

b) Reproduktionen von Waffen nach Buchstabe a, sofern daraus keine Patronen mit Metallhülsen verschossen werden können;

c) Feuerwaffen, die durch Anwendung technischer Verfahren zum Abschuß jeglicher Munition unbrauchbar gemacht worden sind, und die das Prüfzeichen einer offiziellen Dienststelle tragen oder von einer solchen Dienststelle anerkannt worden sind.

Artikel 83

Eine Erlaubnis zum Erwerb und Besitz einer Feuerwaffe nach Artikel 80 darf einer Person nur erteilt werden,

a) wenn sie das achtzehnte Lebensjahr vollendet hat, von Ausnahmen für Jagd- oder Sportzwecke abgesehen;

b) wenn sie nicht wegen einer Geisteskrankheit oder anderer geistiger oder körperlicher Mängel unfähig ist, eine Feuerwaffe zu erwerben oder zu besitzen;

c) wenn sie nicht wegen einer Straftat verurteilt wurde oder wenn nicht andere Anhaltspunkte dafür vorliegen, daß sie eine Gefahr für die öffentliche Sicherheit oder Ordnung darstellt;

d) wenn der für den Erwerb oder Besitz einer Feuerwaffe angeführte Grund als triftig anzusehen ist.

Artikel 84

(1) Die Meldung für Waffen nach Artikel 81 wird in ein von den in Artikel 85 bezeichneten Personen geführtes Register eingetragen.

(2) Wenn die Waffe durch eine Person überlassen wird, die nicht in Artikel 85 bezeichnet ist, muß dies nach den von jeder Vertragspartei festzulegenden Modalitäten gemeldet werden.

(3) Die in diesem Artikel genannte Meldung muß die für die Identifizierung der betroffenen Personen und Waffen erforderlichen Angaben enthalten.

Artikel 85

(1) Die Vertragsparteien verpflichten sich, Hersteller und Händler von erlaubnispflichtigen Feuerwaffen einer Erlaubnispflicht, Hersteller und Händler von meldepflichtigen Feuerwaffen einer Meldepflicht zu unterwerfen. Die Erlaubnis für erlaubnispflichtige Feuerwaffen umfaßt auch die meldepflichtigen Feuerwaffen. Die Vertragsparteien unterziehen die Waffenhersteller und Waffenhändler einer Überwachung, die eine wirksame Kontrolle gewährleistet.

(2) Die Vertragsparteien verpflichten sich, Vorschriften zu erlassen, wonach alle Feuerwaffen mindestens mit einer dauerhaften fortlaufenden Identifizierungsnummer und der Marke des Herstellers gekennzeichnet sind.

(3) Die Vertragsparteien verpflichten Hersteller und Händler, alle erlaubnis- und meldepflichtigen Feuerwaffen zu registrieren; die Register müssen es ermöglichen, die Art der Feuerwaffen, ihre Herkunft und die Erwerber der Waffen schnell zu ermitteln.

(4) Die Vertragsparteien verpflichten sich, in bezug auf Erlaubnisse nach Artikel 79 und 80 Vorschriften zu erlassen, wonach die Identifizierungsnummer und die Kennzeichnung der Feuerwaffen in die ihrem Besitzer ausgestellte Erlaubnisurkunde eingetragen werden.

Artikel 86

(1) Die Vertragsparteien verpflichten sich, Vorschriften zu erlassen, aufgrund deren es den rechtmäßigen Besitzern von erlaubnispflichtigen oder meldepflichtigen Feuerwaffen verboten ist, diese Personen zu überlassen, die nicht im Besitz einer Erwerbserlaubnis oder einer Anmeldebestätigung sind.

(2) Die Vertragsparteien können das vorübergehende Überlassen an Personen nach den von ihnen festzulegenden Modalitäten erlauben.

Artikel 87

(1) Die Vertragsparteien führen in ihr nationales Recht ein System ein, welches die Rücknahme der Erlaubnisse bei Personen ermöglicht, die nicht mehr die Voraussetzungen für die Erteilung der Erlaubnisse nach Artikel 83 erfüllen.

(2) Die Vertragsparteien verpflichten sich, geeignete Vorschriften, einschließlich der Beschlagnahme der Feuerwaffen und der Rücknahme der Erlaubnis zu erlassen, sowie die Verletzung der Gesetze oder sonstiger Vorschriften über Feuerwaffen mit geeigneten Sanktionen zu belegen. Dabei kann die Einbeziehung der Feuerwaffen vorgesehen werden.

Artikel 88

(1) Die Personen, die eine Erlaubnis zum Erwerb einer Feuerwaffe besitzen, benötigen keine Erlaubnis zum Erwerb von Munition für diese Waffen.

(2) Der Erwerb von Munition durch Personen, die nicht im Besitze einer Erlaubnis zum Waffenerwerb sind, unterliegt der entsprechenden Regelung der Waffe, für die sie bestimmt ist. Die Erlaubnis kann für eine Munitionsart oder für alle Munitionsarten ausgestellt werden.

Artikel 89

Die Listen der verbotenen, erlaubnispflichtigen und meldepflichtigen Feuerwaffen können geändert oder ergänzt werden, um die technische, wirtschaftliche und sicherheitspolitische Entwicklung zu berücksichtigen. Der Exekutivausschuß kann die Listen ändern oder ergänzen.

Artikel 90

Die Vertragsparteien sind befugt, strengere Gesetze und Vorschriften in bezug auf Feuerwaffen und Munition zu erlassen.

Artikel 91

(1) Die Vertragsparteien schaffen auf der Grundlage des Europäischen Übereinkommens vom 28. Juni 1978 über die Kontrolle des Erwerbs und des Besitzes von Schußwaffen durch Einzelpersonen nach Maßgabe ihres nationalen Rechts einen Informationsaustausch über den Erwerb von Feuerwaffen durch Personen, Privatpersonen oder Waffenhändler im Einzelhandel, die sich gewöhnlich in dem Hoheitsgebiet einer anderen Vertragspartei aufhalten oder dort ihren Sitz haben. Unter Einzelhändler ist jede Person zu verstehen, deren Erwerbstätigkeit insgesamt oder zum Teil in dem Einzelhandel von Feuerwaffen besteht.

(2) Der Informationsaustausch erstreckt sich:

a) Zwischen zwei Vertragsparteien, die das in Absatz 1 genannte Übereinkommen ratifiziert haben, auf die Feuerwaffen, die in Anlage 1 Teil A Nummer 1 Buchstaben a bis h des genannten Übereinkommens aufgeführt sind;

b) zwischen zwei Vertragsparteien, von denen mindestens eine das in Absatz 1 genannte Übereinkommen nicht ratifiziert hat, auf die Waffen, die in dem Hoheitsgebiet jeder einzelnen Vertragspartei erlaubnis- oder meldepflichtig sind.

(3) Die Informationen über den Erwerb von Feuerwaffen müssen so schnell wie möglich übermittelt werden und die folgenden Angaben enthalten:

a) Das Datum des Erwerbs und die Identität des Erwerbers, nämlich,

- wenn es sich um eine natürliche Person handelt: Name, Vorname, Datum und Ort der Geburt, Anschrift und Paß- oder Personalausweisnummer sowie Ausstellungsdatum und Angabe der ausstellenden Behörde, Waffenhändler oder nicht;
- wenn es sich um eine juristische Person handelt: Firma und Sitz sowie Name, Vorname, Datum und Ort der Geburt, Anschrift und Paß- oder Personalausweisnummer der Person, die zur Vertretung der juristischen Person berechtigt ist;

b) Modell, Herstellungsnummer, Kaliber und die anderen Merkmale der betreffenden Feuerwaffe sowie die Identifizierungsnummer.

Titel IV

Schengener Informationssystem

KAPITEL 1

Einrichtung des Schengener Informationssystems

Artikel 92

(1) Die Vertragsparteien errichten und unterhalten ein gemeinsames Informationssystem, nachstehend das Schengener Informationssystem genannt, das aus einem nationalen Teil bei jeder Vertragspartei und einer technischen Unterstützungseinheit besteht. Durch das Schengener Informationssystem werden Ausschreibungen, die der Suche nach Personen und Sachen dienen, den durch die Vertragsparteien bezeichneten Behörden bei nach Maßgabe des nationalen Rechts durchgeführten Grenzkontrollen, sonstigen polizeilichen und zollrechtlichen Überprüfungen im Inland sowie, beschränkt auf die Ausschreibungskategorie nach Artikel 96, für Zwecke des Sichtvermerksverfahrens sowie der Erteilung der Aufenthaltsartikel und der Handhabung des Ausländerrechts im Rahmen der Anwendung dieses Übereinkommens im Bereich des Personenverkehrs zum Abruf im automatisierten Verfahren bereit gehalten.

(2) Jede Vertragspartei errichtet und unterhält in eigener Verantwortung und auf eigene Kosten ihren nationalen Teil des Schengener Informationssystems, dessen Bestand durch Nutzung der technischen Unterstützungseinheit inhaltlich identisch ist mit dem Bestand des nationalen Teiles jeder anderen Vertragspartei. Im Hinblick auf die schnelle und zweckmäßige Übermittlung der Informationen nach Absatz 3 berücksichtigt jede Vertragspartei bei der Errichtung ihres nationalen Teils die durch die Vertragsparteien gemeinsam festgelegten Protokolle und Verfahren in bezug auf die technische Unterstützungseinheit. Der Bestand jedes nationalen Teils dient innerhalb des Hoheitsgebietes der jeweiligen Vertragsparteien zum Abruf im automatisierten Verfah-

ren. Ein Abruf aus dem Bestand des nationalen Teiles einer anderen Vertragspartei erfolgt nicht.

(3) Die Vertragsparteien errichten und unterhalten in gemeinsamer Verantwortung und auf gemeinsame Kosten die technische Unterstützungseinheit des Schengener Informationssystems. Die Französische Republik ist zuständig für diese Unterstützungseinheit; sie wird eingerichtet in Straßburg. Die technische Unterstützungseinheit umfaßt einen Bestand, der der On-Line-Übermittlung der Informationen an die nationalen Bestände dient, wodurch gewährleistet wird, daß die nationalen Bestände identisch bleiben. In den Bestand der technischen Unterstützungseinheit werden Ausschreibungen von Personen und Sachen aufgenommen, soweit sie sich auf alle Vertragsparteien beziehen. Der Bestand der technischen Unterstützungseinheit umfaßt, abgesehen von den Daten nach diesem Absatz und nach Artikel 113 Absatz 2, keine weiteren Daten.

(4) Jede Vertragspartei benennt eine nationale Behörde, die die in den Absätzen 2 und 3 erwähnten Informationen übermittelt und empfängt und setzt die anderen Vertragsparteien unverzüglich über jede Änderung der bezeichneten Behörde in Kenntnis.

(5) Die von jeder Vertragspartei benannte Behörde kann die erhaltenen Informationen den zuständigen örtlichen Polizeidienststellen und den Grenzüberwachungsbehörden zum Zwecke der Verhütung oder Verfolgung von Straftaten und Ordnungswidrigkeiten übermitteln.

KAPITEL 2

Betrieb und Nutzung des Schengener Informationssystems

Artikel 93

Das Schengener Informationssystem hat nach Maßgabe der Bestimmungen dieses Übereinkommens zum Ziel, in dem Hoheitsgebiet der Vertragsparteien anhand der aus diesem System erteilten Informationen die öffentliche Sicherheit und Ordnung einschließlich der Sicherheit des Staates und die Anwendung der Bestimmungen dieses Übereinkommens im Bereich des Personenverkehrs zu gewährleisten.

Artikel 94

(1) Das Schengener Informationssystem enthält ausschließlich die durch jede der Vertragsparteien gelieferten Kategorien von Daten, die für die in den Artikeln 95 bis 100 vorgesehenen Zwecke erforderlich sind. Die ausschreibende Vertragspartei prüft, ob die Bedeutung des Falles eine Aufnahme der Ausschreibung in das Schengener Informationssystem rechtfertigt.

(2) Die Datenkategorien sind:

a) Die ausgeschriebenen Personen;

b) die in Artikel 100 aufgeführten Sachen und die in Artikel 99 aufgeführten Fahrzeuge.

(3) In bezug auf Personen werden höchstens die folgenden Angaben mitgeteilt:

a) Name und Vorname, gegebenenfalls Aliasname in einem neuen Datensatz;
b) besondere unveränderliche physische Merkmale;
c) erster Buchstabe des zweiten Vornamens;
d) Geburtsort und -datum;
e) Geschlecht;
f) Staatsangehörigkeit;
g) der personenbezogene Hinweis „bewaffnet";
h) der personenbezogene Hinweis „gewalttätig";
i) Ausschreibungsgrund;
j) zu ergreifende Maßnahme.

Andere Angaben, insbesondere die Daten, die in Artikel 6 Satz 1 des Übereinkommens des Europarates vom 28. Januar 1981 zum Schutz des Menschen bei der automatischen Verarbeitung personenbezogener Daten erwähnt sind, sind nicht zulässig.

(4) Sofern eine Vertragspartei eine Ausschreibung nach Artikel 95, 97 oder 99 für nicht vereinbar hält mit ihrem nationalen Recht, mit internationalen Verpflichtungen oder wesentlichen nationalen Interessen, kann sie nachträglich die Ausschreibung in dem Bestand ihres nationalen Teils des Schengener Informationssystems so kennzeichnen lassen, daß die Maßnahme in ihrem Hoheitsgebiet nicht aufgrund der Ausschreibung vollzogen wird. Mit den anderen Vertragsparteien müssen hierüber Konsultationen geführt werden. Wenn die ausschreibende Vertragspartei die Ausschreibung nicht berücksichtigt, bleibt die Ausschreibung für die anderen Vertragsparteien nach wie vor gültig.

Artikel 95

(1) Daten in bezug auf Personen, um deren Festnahme mit dem Ziel der Auslieferung ersucht wird, werden auf Antrag der Justizbehörde der ersuchenden Vertragspartei aufgenommen.

(2) Vor der Ausschreibung prüft die ausschreibende Vertragspartei, ob die Festnahme nach dem Recht der ersuchten Vertragsparteien zulässig ist. Sollte die ausschreibende Vertragspartei Zweifel haben, ist sie verpflichtet, die betroffenen Vertragsparteien zu konsultieren.

Die ausschreibende Vertragspartei teilt den ersuchten Vertragsparteien gleichzeitig mit der Ausschreibung auf möglichst schnellem Wege folgende für den zugrunde liegenden Sachverhalt wesentliche Informationen mit:

a) die um die Festnahme ersuchende Behörde;

b) das Bestehen eines Haftbefehls oder einer Urkunde mit gleicher Rechtswirkung oder eines rechtskräftigen Urteils;

c) die Art und die rechtliche Würdigung der strafbaren Handlung;

d) die Beschreibung der Umstände, unter denen die Straftat begangen wurde einschließlich der Zeit, des Orts und der Art der Täterschaft;

e) soweit möglich die Folgen der Straftat.

(3) Eine ersuchte Vertragspartei kann die Ausschreibung in dem Bestand ihres nationalen Teils des Schengener Informationssystems so kennzeichnen lassen, daß bis zur Löschung der Kennzeichnung keine Festnahme aufgrund der Ausschreibung erfolgen darf. Die Kennzeichnung ist spätestens vierundzwanzig Stunden nach der Speicherung der Ausschreibung zu löschen, es sei denn, die betreffende Vertragspartei lehnt die erbetene Festnahme aus Rechtsgründen oder besonderen Opportunitätserwägungen ab. Sofern in besonderen Ausnahmefällen die Komplexität des Sachverhalts dies erfordert, kann die genannte Frist auf eine Woche verlängert werden. Ungeachtet einer Kennzeichnung oder einer ablehnenden Entscheidung bleiben die anderen Vertragsparteien befugt, die mit der Ausschreibung erbetene Festnahme zu vollziehen.

(4) Ersucht eine Vertragspartei wegen besonderer Eilbedürftigkeit um eine Sofortfahndung, prüft die ersuchte Vertragspartei, ob sie auf die Kennzeichnung verzichten kann. Die ersuchte Vertragspartei trifft die erforderlichen Vorkehrungen, damit die erbetene Maßnahme für den Fall, daß die Ausschreibung gebilligt wird, unverzüglich vollzogen werden kann.

(5) Ist eine Festnahme wegen einer noch nicht abgeschlossenen Prüfung oder wegen einer ablehnenden Entscheidung einer ersuchten Vertragspartei nicht möglich, so ist von dieser Vertragspartei die Ausschreibung als Ausschreibung zur Aufenthaltsermittlung zu behandeln.

(6) Die ersuchten Vertragsparteien treffen die aufgrund der Ausschreibung erbetenen Maßnahmen auf der Grundlage der geltenden Auslieferungsübereinkommen und nach Maßgabe des nationalen Rechts. Unbeschadet der Möglichkeit, den Betroffenen nach Maßgabe des nationalen Rechts festzunehmen, sind sie nicht verpflichtet, die Maßnahme zu vollziehen, wenn ein eigener Staatsangehöriger betroffen ist.

Artikel 96

(1) Die Daten bezüglich Drittausländern, die zur Einreiseverweigerung ausgeschrieben sind, werden aufgrund einer nationalen Ausschreibung gespeichert, die auf Entscheidungen der zuständigen Verwaltungsbehörden und Gerichte beruht, wobei die Verfahrensregeln des nationalen Rechts zu beachten sind.

(2) Die Entscheidungen können auf die Gefahr für die öffentliche Sicherheit und Ordnung oder die nationale Sicherheit, die die Anwesenheit eines Drittausländers auf dem Hoheitsgebiet der Vertragspartei bedeutet, gestützt werden.

Dies kann insbesondere der Fall sein

a) bei einem Drittausländer, der wegen einer Straftat verurteilt worden ist, die mit Freiheitsstrafe von mindestens einem Jahr bedroht ist;

b) bei einem Drittausländer, gegen den ein begründeter Verdacht besteht, daß er schwere Straftaten, einschließlich solcher im Sinne von Artikel 71 begangen hat, oder gegen den konkrete Hinweise bestehen, daß er solche Taten in dem Hoheitsgebiet einer Vertragspartei plant.

(3) Die Entscheidungen können ebenso darauf beruhen, daß der Drittausländer ausgewiesen, zurückgewiesen oder abgeschoben worden ist, wobei die Maßnahme nicht aufgeschoben oder aufgehoben worden sein darf, ein Verbot der Einreise oder des Aufenthalts enthalten oder davon begleitet sein muß und auf der Nichtbeachtung des nationalen Rechts über die Einreise oder den Aufenthalt von Ausländern beruhen muß.

Artikel 97

Daten in bezug auf Vermißte oder Personen, die im Interesse ihres eigenen Schutzes oder zur Gefahrenabwehr auf Ersuchen der zuständigen Behörde oder des zuständigen Gerichts der ausschreibenden Vertragspartei vorläufig in Gewahrsam genommen werden müssen, werden aufgenommen, damit die Polizeibehörden den Aufenthalt der ausschreibenden Vertragspartei mitteilen oder die Person in Gewahrsam nehmen können, um deren Weiterreise zu verhindern, soweit es das nationale Recht erlaubt. Dies gilt insbesondere für Minderjährige und Personen, die aufgrund einer Anordnung einer zuständigen Stelle zwangsweise untergebracht werden müssen. Bei volljährigen Vermißten bedarf die Mitteilung der Einwilligung des Betroffenen.

Artikel 98

(1) Daten in bezug auf Zeugen sowie auf Personen, die im Rahmen eines Strafverfahrens wegen Taten vor Gericht erscheinen müssen, deretwegen sie verfolgt werden oder Personen, denen ein Strafurteil oder die Ladung zum Antritt einer Freiheitsentziehung zugestellt werden muß, werden auf Ersuchen der zuständigen Justizbehörden im Hinblick auf die Mitteilung des Wohnsitzes oder des Aufenthalts aufgenommen.

(2) Die erbetenen Informationen werden der ersuchenden Vertragspartei nach Maßgabe des nationalen Rechts und der geltenden Übereinkommen über Rechtshilfe in Strafsachen mitgeteilt.

Artikel 99

(1) Daten in bezug auf Personen oder Fahrzeuge werden nach Maßgabe des nationalen Rechts der ausschreibenden Vertragspartei zur verdeckten Registrierung oder zur gezielten Kontrolle gemäß Absatz 5 aufgenommen.

(2) Eine Ausschreibung dieser Art ist zulässig zur Strafverfolgung und zur Abwehr von Gefahren für die öffentliche Sicherheit, wenn

a) konkrete Anhaltspunkte dafür vorliegen, daß der Betroffene in erheblichem Umfang außergewöhnlich schwere Straftaten plant oder begeht, oder

b) die Gesamtbeurteilung des Betroffenen, insbesondere aufgrund der bisher von ihm begangenen Straftaten, erwarten läßt, daß er auch künftig außergewöhnlich schwere Straftaten begehen wird.

(3) Die Ausschreibung ist ferner, soweit das nationale Recht es erlaubt, auf Veranlassung der für die Sicherheit des Staates zuständigen Stellen zulässig, wenn tatsächliche Anhaltspunkte dafür vorliegen, daß die in Absatz 4 bezeichneten Informationen zur Abwehr einer von dem Betroffenen ausgehenden erheblichen Gefährdung oder anderer erheblicher Gefahren für die innere oder äußere Sicherheit des Staates erforderlich sind. Die ausschreibende Vertragspartei ist verpflichtet, vorab die anderen Vertragsparteien zu konsultieren.

(4) Aufgrund der verdeckten Registrierung können anläßlich von Grenzkontrollen und sonstigen polizeilichen und zollrechtlichen Überprüfungen im Binnenland die nachstehenden Informationen ganz oder teilweise eingeholt und der ausschreibenden Stelle übermittelt werden:

a) Antreffen der ausgeschriebenen Person oder des ausgeschriebenen Fahrzeugs,

b) Ort, Zeit oder Anlaß der Überprüfung,

c) Reiseweg und Reiseziel,

d) Begleitpersonen oder Insassen,

e) benutztes Fahrzeug,

f) mitgeführte Sachen,

g) Umstände des Antreffens der Person oder des Fahrzeugs.

Bei der Erhebung dieser Daten ist darauf zu achten, daß der verdeckte Charakter der Maßnahme nicht gefährdet wird.

(5) Bei der in Absatz 1 genannten gezielten Kontrolle können nach Maßgabe des nationalen Rechts zur Erreichung der in den Absätzen 2 und 3 genannten Zwecke die Person, das Fahrzeug oder die mitgeführten Gegenstände durchsucht werden. Soweit nach dem Recht einer Vertragspartei die gezielte Kontrolle nicht zulässig ist, wird diese Maßnahme für diese Vertragspartei automatisch in eine verdeckte Registrierung umgesetzt.

(6) Eine ersuchte Vertragspartei kann die Ausschreibung in dem Bestand ihres nationalen Teils des Schengener Informationssystems so kennzeichnen lassen, daß bis zur Löschung der Kennzeichnung keine Maßnahme aufgrund der Ausschreibung zur verdeckten Registrierung oder zur gezielten Kontrolle vollzogen wird. Die Kennzeichnung ist spätestens vierundzwanzig Stunden nach der Speicherung der Ausschreibung zu löschen, es sei denn, die betreffende Vertragspartei lehnt die erbetene Maßnahme aus Rechtsgründen oder besonderen Opportunitätserwägungen ab. Ungeachtet einer Kennzeichnung oder einer ablehnenden Entscheidung bleiben die anderen Vertragsparteien befugt, die mit der Ausschreibung erbetene Maßnahme zu vollziehen.

Artikel 100

(1) Daten in bezug auf Sachen, die zur Sicherstellung oder Beweissicherung im Strafverfahren gesucht werden, werden in das Schengener Informationssystem aufgenommen.

(2) Ergibt eine Abfrage, daß eine Sachfahndungsnotierung besteht, so setzt sich die aufgreifende mit der ausschreibenden Stelle in Verbindung, um erforderliche Maßnahmen abzustimmen. Zu diesem Zweck können nach Maßgabe dieses Übereinkommens auch personenbezogene Daten übermittelt werden. Maßnahmen der aufgreifenden Vertragspartei werden nach Maßgabe ihres nationalen Rechts vollzogen.

(3) Es werden folgende Kategorien von Sachen einbezogen:

a) Gestohlene, unterschlagene oder sonst abhandengekommene Kraftfahrzeuge mit einem Hubraum von mehr als 50 ccm;

b) gestohlene, unterschlagene oder sonst abhandengekommene Anhänger und Wohnwagen mit einem Leergewicht von mehr als 750 kg;

c) gestohlene, unterschlagene oder sonst abhandengekommene Feuerwaffen;

d) gestohlene, unterschlagene oder sonst abhandengekommene Blankodokumente;

e) gestohlene, unterschlagene oder sonst abhandengekommene ausgefüllte Identitätspapiere (Pässe, Identitätskarten, Führerscheine);

f) Banknoten (Registriergeld).

Artikel 101

(1) Zugriff auf die im Schengener Informationssystem gespeicherten Daten mit dem Recht, diese unmittelbar abzurufen, erhalten ausschließlich Stellen, die zuständig sind für:

a) Grenzkontrollen,

b) sonstige polizeiliche und zollrechtliche Überprüfungen im Inland sowie deren Koordinierung.

(2) Zugriff auf die nach Artikel 96 gespeicherten Daten mit dem Recht, diese unmittelbar abzurufen, erhalten außerdem die für die Sichtvermerkserteilung zuständigen Stellen, die zentralen Behörden, die für die Behandlung der Sichtvermerksanträge zuständig sind sowie die für die Erteilung von Aufenthaltstiteln und die für die Handhabung der ausländerrechtlichen Bestimmungen dieses Übereinkommens im Bereich des Personenverkehrs zuständigen Behörden. Der Zugriff auf die Daten erfolgt nach Maßgabe des nationalen Rechts der Vertragsparteien.

(3) Die Benutzer dürfen nur die Daten abrufen, die zur Erfüllung ihrer Aufgaben erforderlich sind.

(4) Jede Vertragspartei übermittelt dem Exekutivausschuß die Liste der zuständigen Behörden, die berechtigt sind, die im Schengener Informationssystem gespeicherten Daten unmittelbar abzufragen, wobei für jede Behörde angegeben wird, welche Daten für welche Aufgaben sie abrufen darf.

KAPITEL 3

Datenschutz und Datensicherung im Schengener Informationssystem

Artikel 102

(1) Die Vertragsparteien dürfen die in den Artikeln 95 bis 100 genannten Daten nur für die der jeweiligen Ausschreibung entsprechenden Zwecke nutzen.

(2) Die Daten dürfen nur zu technischen Zwecken vervielfältigt werden, soweit dies zum unmittelbaren Abruf durch die in Artikel 101 genannten Stellen erforderlich ist. Ausschreibungen von anderen Vertragsparteien dürfen nicht aus dem Bestand des nationalen Teils des Schengener Informationssystems in andere nationale Datenbestände übernommen werden.

(3) Hinsichtlich der Ausschreibungen nach Artikel 95 bis 100 dieses Übereinkommens ist eine Abweichung von Absatz 1, durch die eine Ausschreibungskategorie durch eine andere ersetzt wird, nur zulässig, soweit dies zur Abwehr einer schwerwiegenden und unmittelbar bevorstehenden Gefahr für die öffentliche Sicherheit und Ordnung oder aus schwerwiegenden Gründen der Sicherheit des Staates oder zur Verhütung

einer Straftat mit erheblicher Bedeutung erforderlich ist. Hierüber ist die vorherige Zustimmung der ausschreibenden Vertragspartei einzuholen.

(4) Die Daten dürfen nicht zu Verwaltungszwecken genutzt werden. Hiervon abweichend dürfen die nach Artikel 96 gespeicherten Daten nach Maßgabe des nationalen Rechts jeder Vertragspartei nur für die sich aus Artikel 101 Absatz 2 ergebenden Zwecke genutzt werden.

(5) Jede Nutzung der Daten, die den Absätzen 1 bis 4 nicht entspricht, wird nach dem nationalen Recht der Vertragspartei als Zweckentfremdung bewertet.

Artikel 103

Jede Vertragspartei gewährleistet, daß durchschnittlich jede zehnte Übermittlung von personenbezogenen Daten durch die dateiführende Stelle im nationalen Teil des Schengener Informationssystems protokolliert wird zur Kontrolle der Zulässigkeit der Abrufe. Die Aufzeichnung darf nur hierfür verwendet werden und wird nach sechs Monaten gelöscht.

Artikel 104

(1) Das nationale Recht der ausschreibenden Vertragspartei findet auf die Ausschreibung Anwendung, es sei denn, dieses Übereinkommen enthält engere Voraussetzungen für die Ausschreibung.

(2) Soweit dieses Übereinkommen keine besondere Regelung enthält, findet das nationale Recht der jeweiligen Vertragspartei auf die in ihrem nationalen Teil des Schengener Informationssystems gespeicherten Daten Anwendung.

(3) Soweit dieses Übereinkommen keine besondere Regelung über die Durchführung der mit der Ausschreibung erbetenen Maßnahme enthält, findet das nationale Recht der ersuchten Vertragspartei, die die Maßnahme durchführt, Anwendung. Soweit dieses Übereinkommen besondere Regelungen über die Durchführung der mit der Ausschreibung erbetenen Maßnahme enthält, werden die Befugnisse durch das nationale Recht der ersuchten Vertragspartei begrenzt. Soweit die erbetene Maßnahme nicht durchgeführt werden kann, unterrichtet die ersuchte Vertragspartei die ausschreibende Vertragspartei unverzüglich.

Artikel 105

Die ausschreibende Vertragspartei ist für die Richtigkeit und Aktualität der Daten sowie die Rechtmäßigkeit der Speicherung im Schengener Informationssystem verantwortlich.

Artikel 106

(1) Die Änderung, Ergänzung, Berichtigung oder Löschung der Daten darf nur durch die ausschreibende Vertragspartei vorgenommen werden.

(2) Hat eine Vertragspartei, die selber die Ausschreibung nicht veranlaßt hat, Anhaltspunkte dafür, daß Daten unrichtig sind oder unrechtmäßig gespeichert worden

sind, so teilt sie dies umgehend der ausschreibenden Vertragspartei mit, die verpflichtet ist, diese Mitteilung unverzüglich zu prüfen und erforderlichenfalls die Daten unverzüglich zu berichtigen oder zu löschen.

(3) Falls die Vertragsparteien sich nicht einigen können, unterbreitet die Vertragspartei, die die Ausschreibung nicht veranlaßt hat, der in Artikel 115 Absatz 1 vorgesehenen gemeinsamen Kontrollinstanz den Fall zur Stellungnahme.

Artikel 107

Wurde in bezug auf eine Person bereits eine Ausschreibung in das Schengener Informationssystem aufgenommen, so stimmt sich die Vertragspartei, die eine weitere Ausschreibung vornimmt, mit der Vertragspartei, die die erste Ausschreibung vorgenommen hat, über die Speicherung der Ausschreibungen ab. Hierzu können die Vertragsparteien auch generelle Regelungen treffen.

Artikel 108

(1) Jede Vertragspartei bestimmt eine Stelle, die als Zentrale für den nationalen Teil des Schengener Informationssystems zuständig ist.

(2) Jede Vertragspartei nimmt ihre Ausschreibungen für diese Stelle vor.

(3) Diese Stelle ist für das reibungslose Funktionieren des nationalen Teiles des Schengener Informationssystems verantwortlich und trifft die erforderlichen Maßnahmen für die Einhaltung der Bestimmungen dieses Übereinkommens.

(4) Die Vertragsparteien teilen einander über den Verwahrer die nach Absatz 1 bestimmte Stelle mit.

Artikel 109

(1) Das Recht jeder Person, über die zu ihrer Person im Schengener Informationssystem gespeicherten Daten Auskunft zu erhalten, richtet sich nach dem nationalen Recht der Vertragspartei, in deren Hoheitsgebiet das Auskunftsrecht beansprucht wird. Soweit das nationale Recht dies vorsieht, entscheidet die in Artikel 114 Absatz 1 vorgesehene nationale Kontrollinstanz, ob und in welcher Weise Auskunft erteilt wird. Eine Vertragspartei, die selber die Ausschreibung nicht vorgenommen hat, darf Auskunft zu diesen Daten nur erteilen, wenn sie vorher der ausschreibenden Vertragspartei Gelegenheit zur Stellungnahme gegeben hat.

(2) Die Auskunftserteilung an den Betroffenen unterbleibt, wenn dies zur Durchführung einer rechtmäßigen Aufgabe im Zusammenhang mit der Ausschreibung oder dem Schutz der Rechte und Freiheiten Dritter unerläßlich ist. Sie unterbleibt immer während der Ausschreibung zur verdeckten Registrierung.

Artikel 110

Jeder hat das Recht, auf seine Person bezogene unrichtige Daten berichtigen oder unrechtmäßig gespeicherte Daten löschen zu lassen.

Artikel 111

(1) Jeder hat das Recht, im Hoheitsgebiet jeder Vertragspartei eine Klage wegen einer seine Person betreffenden Ausschreibung insbesondere auf Berichtigung, Löschung, Auskunftserteilung oder Schadensersatz vor dem nach nationalem Recht zuständigen Gericht oder der zuständigen Behörde zu erheben.

(2) Unbeschadet des Artikels 116 verpflichten sich die Vertragsparteien, unanfechtbare Entscheidungen der Gerichte oder Behörden nach Absatz 1 zu vollziehen.

Artikel 112

(1) Die zur Personenfahndung in dem Schengener Informationssystem aufgenommenen personenbezogenen Daten werden nicht länger als für den verfolgten Zweck erforderlich gespeichert. Spätestens drei Jahre nach ihrer Einspeicherung ist die Erforderlichkeit der weiteren Speicherung von der ausschreibenden Vertragspartei zu prüfen. Für die Ausschreibung gemäß Artikel 99 beträgt diese Frist ein Jahr.

(2) Jede ausschreibende Vertragspartei bestimmt gegebenenfalls kürzere Prüffristen nach Maßgabe ihres nationalen Rechts.

(3) Die technische Unterstützungseinheit des Schengener Informationssystems weist die ausschreibende Vertragspartei mit einem Vorlauf von einem Monat automatisch auf die im System programmierte Löschung hin.

(4) Die ausschreibende Vertragspartei kann innerhalb der Prüffrist beschließen, die Ausschreibung noch beizubehalten, wenn dies für den der Ausschreibung zugrunde liegenden Zweck erforderlich ist. Eine Verlängerung der Ausschreibung ist in die technische Unterstützungseinheit einzugeben. Absatz 1 gilt entsprechend.

Artikel 113

(1) Andere Daten als in Artikel 112 werden nicht länger als zehn Jahre, Daten in bezug auf ausgestellte Identitätspapiere und Registriergeld nicht länger als fünf Jahre und Daten in bezug auf Kraftfahrzeuge, Anhänger und Wohnwagen nicht länger als drei Jahre nach der Aufnahme gespeichert.

(2) Gelöschte Daten werden noch ein Jahr in der technischen Unterstützungseinheit gespeichert. Sie dürfen in dieser Zeit jedoch lediglich genutzt werden, um nachträglich ihre Richtigkeit oder die Rechtmäßigkeit der Speicherung zu prüfen. Danach sind sie zu vernichten.

Artikel 114

(1) Jede Vertragspartei bezeichnet eine Kontrollinstanz, deren Aufgabe darin besteht, nach Maßgabe des jeweiligen nationalen Rechts den Bestand des nationalen Teils des Schengener Informationssystems unabhängig zu überwachen und zu prüfen, ob durch Verarbeitung und Nutzung der im Schengener Informationssystem gespeicherten Daten die Rechte des Betroffenen nicht verletzt werden. Diese Kontrollinstanz hat hierfür Zugriff auf den Bestand des nationalen Teils des Schengener Informationssystems.

(2) Jeder hat das Recht, die Kontrollinstanzen zu ersuchen, die zu seiner Person im Schengener Informationssystem gespeicherten Daten sowie deren Nutzung zu überprüfen. Dieses Recht wird nach Maßgabe des nationalen Rechts der Vertragspartei, an die das Ersuchen gerichtet wird, ausgeübt. Wurden die Daten durch eine andere Vertragspartei eingegeben, so erfolgt die Kontrolle in enger Abstimmung mit der Kontrollinstanz dieser Vertragspartei.

Artikel 115

(1) Zur Überwachung der technischen Unterstützungseinheit des Schengener Informationssystems wird eine gemeinsame Kontrollinstanz eingerichtet, die sich aus je zwei Vertretern der jeweiligen nationalen Kontrollinstanzen zusammensetzt. Jede Vertragspartei hat bei Abstimmungen eine Stimme. Die Kontrolle richtet sich nach den Bestimmungen dieses Übereinkommens, des Übereinkommens des Europarates vom 28. Januar 1981 zum Schutz des Menschen bei der automatischen Verarbeitung personenbezogener Daten, der Empfehlung R (87) 15 des Ministerausschusses des Europarates über die Nutzung personenbezogener Daten im Polizeibereich vom 17. September 1987 und nach dem nationalen Recht der für die technische Unterstützungseinheit zuständigen Vertragspartei.

(2) In bezug auf die technische Unterstützungseinheit hat die gemeinsame Kontrollinstanz die Aufgabe, die richtige Anwendung der Bestimmungen dieses Übereinkommens zu überprüfen. Sie hat hierfür Zugriff auf den zentralen Bestand.

(3) Die gemeinsame Kontrollinstanz ist auch zuständig für die Prüfung der Anwendungs- oder Auslegungsfragen im Zusammenhang mit dem Funktionieren des Schengener Informationssystems, für die Prüfung von Fragen im Zusammenhang mit den von den nationalen Kontrollinstanzen unabhängig vorgenommenen Kontrollen oder mit der Ausübung des Auskunftsrechts sowie für die Erarbeitung harmonisierter Vorschläge im Hinblick auf gemeinsame Lösungen für die bestehenden Fragen.

(4) Die von der gemeinsamen Kontrollinstanz erstellten Berichte werden an die Stellen übermittelt, an die die nationalen Kontrollinstanzen ihre Berichte übermitteln.

Artikel 116

(1) Wird jemand bei dem Betrieb eines nationalen Bestandes des Schengener Informationssystems geschädigt, haftet ihm hierfür jede Vertragspartei nach Maßgabe ihres nationalen Rechts. Dies gilt auch, wenn der Schaden durch die ausschreibende Vertragspartei verursacht worden ist, weil diese die Daten unrichtig eingegeben hat oder die Speicherung unrechtmäßig war.

(2) Ist die in Anspruch genommene Vertragspartei nicht die ausschreibende Vertragspartei, hat letztere den geleisteten Ersatz auf Anforderung zu erstatten, es sei denn, von der ersuchten Vertragspartei wurden die Daten vertragswidrig genutzt.

Artikel 117

(1) Jede Vertragspartei trifft spätestens bis zum Inkrafttreten dieses Übereinkommens in ihrem nationalen Recht in bezug auf die automatische Verarbeitung personen-

bezogener Daten im Rahmen der Anwendung dieses Titels die erforderlichen Maßnahmen zur Gewährleistung eines Datenschutzstandards, der zumindest dem entspricht, der sich aus der Verwirklichung der Grundsätze des Übereinkommens des Europarates über den Schutz des Menschen bei der automatischen Verarbeitung personenbezogener Daten vom 28. Januar 1981 ergibt, und beachtet dabei die Empfehlung R (87) 15 des Ministerausschusses des Europarates über die Nutzung personenbezogener Daten im Polizeibereich vom 17. September 1987.

(2) Die in diesem Titel vorgesehenen Übermittlungen personenbezogener Daten dürfen erst beginnen, wenn in dem Hoheitsgebiet der an der Übermittlung beteiligten Vertragsparteien die nach Absatz 1 gebotenen datenschutzrechtlichen Regelungen in Kraft getreten sind.

Artikel 118

(1) Jede Vertragspartei verpflichtet sich, für ihren nationalen Teil des Schengener Informationssystems Maßnahmen zu treffen, die geeignet sind:

a) Unbefugten den Zugang zu Datenverarbeitungsanlagen, mit denen personenbezogene Daten verarbeitet werden, zu verwehren (Zugangskontrolle);

b) zu verhindern, daß Datenträger unbefugt gelesen, kopiert, verändert oder entfernt werden können (Datenträgerkontrolle);

c) die unbefugte Eingabe in den Speicher sowie die unbefugte Kenntnisnahme, Veränderung oder Löschung gespeicherter personenbezogener Daten zu verhindern (Speicherkontrolle);

d) zu verhindern, daß automatisierte Datenverarbeitungssysteme mit Hilfe von Einrichtungen zur Datenübertragung von Unbefugten genutzt werden können (Benutzerkontrolle);

e) zu gewährleisten, daß die zur Benutzung eines automatisierten Datenverarbeitungssystems Berechtigten ausschließlich auf die ihrer Zugriffsberechtigung unterliegenden Daten zugreifen können (Zugriffskontrolle);

f) zu gewährleisten, daß überprüft und festgestellt werden kann, an welche Stellen personenbezogene Daten durch Einrichtungen zur Datenübertragung übermittelt werden können (Übermittlungskontrolle);

g) zu gewährleisten, daß nachträglich überprüft und festgestellt werden kann, welche personenbezogenen Daten zu welcher Zeit und von wem in automatisierte Datenverarbeitungssysteme eingegeben worden sind (Eingabekontrolle);

h) zu verhindern, daß bei der Übertragung personenbezogener Daten sowie beim Transport von Datenträgern die Daten unbefugt gelesen, kopiert, verändert oder gelöscht werden können (Transportkontrolle).

(2) Jede Vertragspartei hat für die Übermittlung von Datenan Stellen außerhalb des Hoheitsgebietes der Vertragsparteien besondere Vorkehrungen zur Datensicherung zu treffen. Diese sind der gemeinsamen Kontrollinstanz mitzuteilen.

(3) Jede Vertragspartei darf mit der Datenverarbeitung in ihrem nationalen Teil des Schengener Informationssystems nur Personen beauftragen, die besonders geschult und einer Sicherheitsüberprüfung unterzogen worden sind.

(4) Für die technische Unterstützungseinheit des Schengener Informationssystems trifft die hierfür zuständige Vertragspartei die in den Absätzen 1 bis 3 genannten Maßnahmen.

KAPITEL 4

Verteilung der Kosten des Schengener Informationssystems

Artikel 119

(1) Die Kosten für die Einrichtung und den Betrieb der technischen Unterstützungseinheit nach Artikel 92 Absatz 3 einschließlich der Leitungskosten für die Verbindung der nationalen Teile des Schengener Informationssystems mit der technischen Unterstützungseinheit werden von den Vertragsparteien gemeinsam getragen. Der zu leistende Kostenanteil richtet sich nach dem Anteil einer jeden Vertragspartei an der einheitlichen Mehrwertsteuer-Bemessungsgrundlage im Sinne des Artikels 2 Absatz 1 Buchstabe c des Beschlusses des Rates der Europäischen Gemeinschaften über das System der Eigenmittel der Gemeinschaften vom 24. Juni 1988.

(2) Die Kosten für die Einrichtung und den Betrieb ihres nationalen Teils des Schengener Informationssystems trägt jede Vertragspartei selbst.

Titel V

Transport und Warenverkehr

Artikel 120

(1) Die Vertragsparteien achten darauf, daß keine ihrer Rechts- oder Verwaltungsvorschriften den Warenverkehr über die Binnengrenzen in unvertretbarer Weise behindern.

(2) Die Vertragsparteien erleichtern den Warenverkehr über die Binnengrenzen dadurch, daß sie mit Verboten und Beschränkungen verbundene Förmlichkeiten bei der Abfertigung der Waren zum abgabenrechtlich freien Verkehr durchführen. Diese Abfertigung findet nach Wahl des Beteiligten entweder im Binnenland oder an der Binnengrenze statt. Die Vertragsparteien bemühen sich, die Abfertigung im Binnenland zu fördern.

(3) Soweit die nach Absatz 2 vorgesehenen Erleichterungen in bestimmten Bereichen ganz oder teilweise noch nicht verwirklicht werden können, bemühen sich die Vertragsparteien weiterhin, untereinander oder im Rahmen der europäischen Gemeinschaften dafür die Voraussetzungen zu schaffen.

Dieser Absatz findet insbesondere auf die Kontrolle der verkehrsgewerberechtlichen Genehmigung und der verkehrstechnischen Bestimmungen, des Tierschutz- und des Tierseuchenrechts sowie des Fleischhygienerechts, des Pflanzenschutzrechts sowie des Transports gefährlicher Güter und Abfälle Anwendung.

(4) Die Vertragsparteien bemühen sich weiterhin, die Förmlichkeiten für den Warenverkehr über die Außengrenze untereinander anzugleichen und deren Einhaltung nach einheitlichen Grundsätzen zu kontrollieren. Zu diesem Zweck arbeiten sie im Exekutivausschuß, im Rahmen der Europäischen Gemeinschaften und in anderen internationalen Gremien eng zusammen.

Artikel 121

(1) Die Vertragsparteien verzichten in Übereinstimmung mit dem Gemeinschaftsrecht für bestimmte Pflanzen oder Pflanzenerzeugnisse auf die nach Gemeinschaftsrecht vorgesehenen phytosanitären Untersuchungen und die Vorlage von Pflanzengesundheitszeugnissen.

Der Exekutivausschuß bestimmt die Liste der Pflanzen oder Pflanzenerzeugnisse, für die die Erleichterungen des Satzes 1 gelten. Er kann sie ändern und bestimmt den Zeitpunkt, zu dem diese Änderungen in Kraft treten sollen. Die Vertragsparteien teilen sich gegenseitig die getroffenen Maßnahmen mit.

(2) Eine Vertragspartei kann bei Gefahr der Einschleppung oder Ausbreitung von Schadorganismen die vorübergehende Wiedereinführung der gemeinschaftsrechtlich vorgeschriebenen Kontrollmaßnahmen verlangen und selbst durchführen. Sie teilt dies unverzüglich schriftlich den anderen Vertragsparteien unter Angabe der Gründe mit.

(3) Für nach Artenschutzrecht notwendige Bescheinigungen kann das Pflanzengesundheitszeugnis weiterhin verwendet werden.

(4) Auf Antrag stellt die zuständige Behörde ein Pflanzengesundheitszeugnis aus, wenn die Sendung ganz oder teilweise für die Wiederausfuhr bestimmt ist, soweit die Pflanzen oder pflanzlichen Erzeugnisse die phytosanitären Anforderungen erfüllen.

Artikel 122

(1) Die Vertragsparteien verstärken ihre Zusammenarbeit im Hinblick auf die Sicherheit des Transports gefährlicher Güter und verpflichten sich, die nationalen Bestimmungen zur Durchführung der geltenden internationalen Übereinkommen zu harmonisieren. Darüber hinaus verpflichten sie sich, insbesondere im Hinblick auf die Beibehaltung des derzeitigen Sicherheitsniveaus zur

a) Harmonisierung der Anforderungen bezüglich der fachlichen Eignung von Fahrzeugführern;

b) Harmonisierung der Modalitäten und der Intensität der Kontrollen während des Transports und in den Unternehmen;

c) Harmonisierung der Straf- und Ordnungswidrigkeitstatbestände sowie der gesetzlichen Bestimmungen über den Straf- und Bußgeldrahmen;

d) Schaffung eines ständigen Informations- und Erfahrungsaustausches über durchgeführte Maßnahmen und Kontrollen.

(2) Die Vertragsparteien verstärken die Zusammenarbeit im Hinblick auf die Überwachung der binnengrenzüberschreitenden Verbringung von gefährlichen und nicht gefährlichen Abfällen.

Dazu bemühen sie sich, bei der Novellierung der Richtlinien der Europäischen Gemeinschaften über die Überwachung und die administrative Behandlung der Verbringung gefährlicher Abfälle und bei der Erarbeitung von Rechtsakten der Europäischen Gemeinschaften über nicht gefährliche Abfälle einen einheitlichen Standpunkt mit dem Ziel der Schaffung einer ausreichenden Entsorgungsinfrastruktur und der Festlegung harmonisierter Entsorgungsstandards auf hohem Niveau zu vertreten.

In Erwartung einer gemeinschaftlichen Regelung über nicht gefährliche Abfälle wird deren Verbringung durch die Anwendung eines besonderen Verfahrens überwacht, wodurch die Verbringung am Bestimmungsort bei der Abfertigung kontrolliert werden kann.

Die Bestimmungen des Absatzes 1 Satz 2 finden Anwendung.

Artikel 123

(1) Die Vertragsparteien verpflichten sich, Beratungen zu führen mit dem Ziel, die derzeit geltende Genehmigungspflicht für die Ausfuhr von strategischen Industriewaren und Technologien in ihren Beziehungen zueinander abzuschaffen und gegebenenfalls durch ein flexibles Verfahren zu ersetzen, unter der Voraussetzung, daß Bestimmungs- und Endverbleibsland Vertragsparteien sind.

Vorbehaltlich dieser Beratungen bemühen sich die Vertragsparteien, im Hinblick auf die erforderlichen Kontrollen eng zusammenzuarbeiten, nach Maßgabe des nationalen Rechts Informationen auszutauschen und die dazu erforderliche Koordinierung, einschließlich Einrichtung eines Koordinierungsmechanismus, vorzunehmen.

(2) Die Vertragsparteien bemühen sich, in bezug auf andere Waren als die strategischen Industriewaren und Technologien nach Absatz 1 einerseits die Ausfuhrmodalitäten im Binnenland abwickeln zu lassen und andererseits ihre Kontrollverfahren zu harmonisieren.

(3) Im Rahmen der Ziele nach den Absätzen 1 und 2 konsultieren die Vertragsparteien die übrigen interessierten Partnerstaaten.

Artikel 124

Zahl und Intensität von Kontrollen der im Reiseverkehr über die Binnengrenzen mitgeführten Waren werden auf eine möglichst niedrige Ebene vermindert. Ihre weitere Verminderung und schließliche Abschaffung ist von der schrittweisen Anhebung der Reisefreigrenzen und von der weiteren Entwicklung bei den für den grenzüberschreitenden Reiseverkehr geltenden Vorschriften abhängig.

Artikel 125

(1) Die Vertragsparteien treffen Absprachen über die gegenseitige Entsendung von Verbindungsbeamten ihrer Zollverwaltungen.

(2) Die Entsendung von Verbindungsbeamten hat zum Ziel, die Zusammenarbeit zwischen den Vertragsparteien allgemein und insbesondere im Rahmen der bestehen-

den Übereinkommen und der Rechtsakte der Europäischen Gemeinschaften über die gegenseitige Unterstützung zu fördern und zu beschleunigen.

(3) Die Verbindungsbeamten werden beratend und unterstützend tätig. Sie sind nicht zur selbständigen Durchführung von zollamtlichen Maßnahmen berechtigt. Sie erteilen Informationen und erledigen ihre Aufträge im Rahmen der ihnen von der entsendenden Vertragspartei erteilten Weisungen.

Titel VI

Datenschutz

Artikel 126

(1) Jede Vertragspartei trifft spätestens bis zum Inkrafttreten dieses Übereinkommens in ihrem nationalen Recht in bezug auf die automatische Verarbeitung personenbezogener Daten, die nach diesem Übereinkommen übermittelt werden, die erforderlichen Maßnahmen zur Gewährleistung eines Datenschutzstandards, der zumindest dem entspricht, der sich aus der Verwirklichung der Grundsätze des Übereinkommens des Europarates über den Schutz des Menschen bei der automatischen Verarbeitung personenbezogener Daten vom 28. Januar 1981 ergibt.

(2) Die in diesem Übereinkommen vorgesehene Übermittlung personenbezogener Daten darf erst beginnen, wenn in dem Hoheitsgebiet der an der Übermittlung beteiligten Vertragsparteien die nach Absatz 1 gebotenen datenschutzrechtlichen Regelungen in Kraft getreten sind.

(3) In bezug auf die automatische Verarbeitung personenbezogener Daten, die nach diesem Übereinkommen übermittelt werden, gelten außerdem folgende Bestimmungen:

a) Eine Nutzung der personenbezogenen Daten durch die empfangende Vertragspartei ist ausschließlich zu den Zwecken zulässig, zu denen die Übermittlung solcher Daten in diesem Übereinkommen vorgesehen ist; eine Nutzung zu anderen Zwecken ist nur nach Maßgabe des Rechts der empfangenden Vertragspartei zulässig. Die Zustimmung darf erteilt werden, soweit das nationale Recht der übermittelnden Vertragspartei dies zuläßt.

b) Die übermittelten personenbezogenen Daten dürfen ausschließlich durch die Behörden und Gerichte genutzt werden, die für eine Aufgabe im Rahmen der Zwecke nach Buchstabe a zuständig sind.

c) Die übermittelnde Vertragspartei ist verpflichtet, auf die Richtigkeit der personenbezogenen Daten zu achten; erweist sich, von Amts wegen oder aufgrund eines Antrags des Betroffenen, daß unrichtige Daten oder Daten, die nicht hätten übermittelt werden dürfen, übermittelt worden sind, so ist dies der empfangenden Vertragspartei oder den empfangenden Vertragsparteien unverzüglich mitzuteilen. Diese ist beziehungsweise diese sind verpflichtet, die Berichtigung oder Vernichtung vorzunehmen, oder zu vermerken, daß die Daten unrichtig sind oder unrechtmäßig übermittelt wurden.

d) Im Rahmen ihrer Haftung nach Maßgabe des nationalen Rechts kann eine Vertragspartei sich im Verhältnis zu dem Geschädigten zu ihrer Entlastung nicht darauf berufen, daß eine andere Vertragspartei unrichtige Daten übermittelt hat. Leistet die empfangende Vertragspartei Schadenseratz wegen eines Schadens, der durch die Nutzung von unrichtig übermittelten Daten verursacht wurde, so erstattet die übermittelnde Vertragspartei der empfangenden Vertragspartei den Gesamtbetrag des geleisteten Ersatzes.

e) Die Übermittlung und der Empfang personenbezogener Daten sind in der Datei, aus der sie übermittelt werden und in der Datei, in der sie gespeichert werden, festzuhalten.

f) Die gemeinsame Kontrollinstanz nach Artikel 115 ist zuständig, auf Ersuchen einer Vertragspartei ein Gutachten über die Anwendungs- und Auslegungsschwierigkeiten abzugeben, die sich bei der Anwendung dieses Artikels ergeben.

(4) Dieser Artikel findet auf die Übermittlung personenbezogener Daten nach Maßgabe des Titels II Kapitel 7 und des Titels IV keine Anwendung. Absatz 3 findet keine Anwendung auf die Übermittlung personenbezogener Daten nach Maßgabe des Titels III Kapitel 2, 3, 4 und 5.

Artikel 127

(1) Werden aufgrund dieses Übereinkommens einer anderen Vertragspartei personenbezogene Daten übermittelt, so findet auf die Übermittlung dieser Daten aus einer nicht-automatisierten Datei und ihre Aufnahme in eine solche Datei Artikel 126 sinngemäß Anwendung.

(2) Werden in anderen als den in Artikel 126 Absatz 1 oder in Absatz 1 dieses Artikels genannten Fällen einer anderen Vertragspartei personenbezogene Daten übermittelt, so gilt Artikel 126 Absatz 3 mit Ausnahme von Buchstabe e. Außerdem gelten folgende Bestimmungen:

a) Die Übermittlung und der Empfang personenbezogener Daten werden aktenkundig gemacht. Diese Verpflichtung entfällt, soweit es für die Verwendung der Daten nicht erforderlich ist, sie aktenkundig zu machen, insbesondere weil die Daten nicht oder nur kurzfristig verwendet werden.

b) Die Verwendung der übermittelten Daten genießt auf dem Hoheitsgebiet der empfangenden Vertragspartei zumindest den Schutz, der aufgrund des Rechts dieser Vertragspartei für eine Verwendung von Daten gleicher Art gilt.

c) Die Entscheidung darüber, ob und unter welchen Bedingungen auf Antrag des Betroffenen über die auf seine Person bezogenen übermittelten Daten Auskunft erteilt wird, richtet sich nach dem Recht der Vertragspartei, bei der der Antrag gestellt wird.

(3) Dieser Artikel findet auf die Übermittlung personenbezogener Daten nach Maßgabe des Titel II Kapitel 7, des Titels III Kapitel 2, 3, 4 und 5 und des Titels IV keine Anwendung.

Artikel 128

(1) Die in diesem Übereinkommen vorgesehenen Übermittlungen personenbezogener Daten dürfen erst beginnen, wenn die an der Übermittlung beteiligten Vertragsparteien einer nationalen Kontrollinstanz die Aufgabe übertragen haben, auf unabhängige Weise die Einhaltung der Artikel 126 und 127 sowie der Rechtsvorschriften zur Anwendung dieser Bestimmungen in bezug auf die Verarbeitung personenbezogener Daten in Dateien zu überwachen.

(2) Hat eine Vertragspartei nach Maßgabe ihres nationalen Rechts eine Kontrollinstanz mit der Aufgabe eingerichtet, in einem oder mehreren Sachbereichen die Einhaltung von datenschutzrechtlichen Bestimmungen in bezug auf nicht in Dateien gespeicherte Daten auf unabhängige Weise zu überwachen, so überträgt diese Vertragspartei dieser Kontrollinstanz die Aufgabe, in diesen Sachbereichen auch die Einhaltung der Regelungen dieses Titels zu überwachen.

(3) Dieser Artikel findet auf die Übermittlung personenbezogener Daten nach Maßgabe des Titels II Kapitel 7 und des Titels III Kapitel 2, 3, 4 und 5 keine Anwendung.

Artikel 129

In bezug auf die Übermittlung personenbezogener Daten nach Titel III Kapitel 1 verpflichten sich die Vertragsparteien, unbeschadet der Artikel 126 und 127, einen Datenschutzstandard zu verwirklichen, wobei die Grundsätze der Empfehlung R (87) 15 des Ministerausschusses des Europarates über die Nutzung personenbezogener Daten im Polizeibereich vom 17. September 1987 beachtet werden. Darüber hinaus finden auf die Übermittlung nach Maßgabe des Artikels 126 die folgenden Bestimmungen Anwendung:

a) Eine Nutzung dieser Daten durch die empfangende Vertragspartei ist ausschließlich zu den durch die übermittelnde Vertragspartei angegebenen Zwecken und unter den durch diese Vertragspartei vorgeschriebenen Bedingungen zulässig.

b) Die Daten dürfen ausschließlich an Polizeidienststellen und Polizeibehörden übermittelt werden. Die weitere Übermittlung an andere Stellen darf nur mit vorheriger Zustimmung der übermittelnden Vertragspartei erfolgen.

c) Der Empfänger unterrichtet die übermittelnde Vertragspartei auf Ersuchen über die Verwendung der übermittelten Daten und über die dadurch erzielten Ergebnisse.

Artikel 130

Erfolgt die Übermittlung personenbezogener Daten über einen in Artikel 47 oder in Artikel 125 vorgesehenen Verbindungsbeamten, so finden die Bestimmungen dieses Titels erst Anwendung, wenn der Verbindungsbeamte sie der Vertragspartei weitergegeben hat, die ihn in das Hoheitsgebiet der anderen Vertragspartei entsandt hat.

Titel VII

Exekutivausschuß

Artikel 131

(1) Im Hinblick auf die Anwendung dieses Übereinkommens richten die Vertragsparteien einen Exekutivausschuß ein.

(2) Unbeschadet der besonderen Befugnisse, mit denen er aufgrund dieses Übereinkommens ausgestattet ist, hat der Exekutivausschuß als allgemeine Aufgabe, auf die richtige Anwendung dieses Übereinkommens zu achten.

Artikel 132

(1) Jede Vertragspartei hat einen Sitz im Exekutivausschuß. Die Vertragsparteien sind in dem Exekutivausschuß durch einen für die Durchführung dieses Übereinkommens zuständigen Minister vertreten; dieser kann sich soweit erforderlich durch Sachverständige unterstützen lassen, die an den Verhandlungen teilnehmen dürfen.

(2) Der Exekutivausschuß faßt seine Beschlüsse einstimmig. Er legt seine Arbeitsmethode fest; dabei kann ein schriftliches Verfahren für die Beschlußfassung vorgesehen werden.

(3) Auf Ersuchen eines Vertreters einer Vertragspartei kann die endgültige Entscheidung über einen Beschlußentwurf bis spätestens zwei Monate nach der Vorlage dieses Entwurfs vertagt werden.

(4) Der Exekutivausschuß ist berechtigt, im Hinblick auf die Vorbereitung der Beschlußfassung oder auf andere Tätigkeiten Arbeitsgruppen einzusetzen, die aus Vertretern der Verwaltungen der Vertragsparteien zusammengesetzt sind.

Artikel 133

Der Exekutivausschuß tritt abwechselnd im Hoheitsgebiet jeder der Vertragsparteien zusammen. Sitzungen werden anberaumt, so oft dies für die Erfüllung seiner Aufgaben erforderlich ist.

Titel VIII

Schlußbestimmungen

Artikel 134

Die Bestimmungen dieses Übereinkommens sind nur anwendbar, soweit sie mit dem Gemeinschaftsrecht vereinbar sind.

Artikel 135

Die Bestimmungen dieses Übereinkommens gelten vorbehaltlich der Bestimmungen der Genfer Konvention vom 28. Juli 1951 über den Flüchtlingsstatus in der Fassung des Protokolls von New York vom 31. Januar 1967.

Artikel 136

(1) Erwägt eine Vertragspartei, mit einem Drittstaat Verhandlungen zu führen, die die Grenzkontrollen betreffen, so unterrichtet sie rechtzeitig die anderen Vertragsparteien.

(2) Vorbehaltlich des Rechts der Mitgliedstaaten der Europäischen Gemeinschaften, gemeinsam solche Übereinkommen zu schließen, werden die Vertragsparteien ohne vorherige Zustimmung der anderen Vertragsparteien keine zwei- oder mehrseitigen Vereinbarungen über die Erleichterung oder den Abbau der Grenzkontrollen mit Drittstaaten schließen.

(3) Absatz 2 findet keine Anwendung auf Übereinkommen über den kleinen Grenzverkehr, sofern diese Übereinkommen die Ausnahmen und Modalitäten nach Artikel 3 Absatz 1 beachten.

Artikel 137

Vorbehalte zu diesem Übereinkommen sind mit Ausnahme der in Artikel 60 erwähnten nicht zulässig.

Artikel 138

Die Bestimmungen dieses Übereinkommens gelten für die Französische Republik nur für das europäische Hoheitsgebiet der Französischen Republik.

Die Bestimmungen dieses Übereinkommens gelten für das Königreich der Niederlande nur für das Hoheitsgebiet des Reichs in Europa.

Artikel 139

(1) Dieses Übereinkommen bedarf der Ratifikation, Annahme oder Genehmigung. Die Ratifikations-, Annahme- oder Genehmigungsurkunden werden bei der Regierung des Großherzogtums Luxemburg hinterlegt; diese notifiziert die Hinterlegung allen Vertragsparteien.

(2) Dieses Übereinkommen tritt am ersten Tag des zweiten Monats nach Hinterlegung der letzten Ratifikations-, Annahme- oder Genehmigungsurkunde in Kraft. Die Bestimmungen in bezug auf die Einrichtung, die Tätigkeiten und die Befugnisse des Exekutivausschusses finden vom Inkrafttreten des Übereinkommens an Anwendung. Die übrigen Bestimmungen finden vom ersten Tag des dritten Monats nach Inkrafttreten des Übereinkommens Anwendung.

(3) Die Regierung des Großherzogtums Luxemburg notifiziert allen Vertragsparteien das Datum des Inkrafttretens.

Artikel 140

(1) Jeder Mitgliedstaat der Europäischen Gemeinschaften kann diesem Übereinkommen beitreten. Der Beitritt wird in einem Übereinkommen zwischen diesem Staat und den Vertragsparteien geregelt.

(2) Dieses Übereinkommen bedarf der Ratifikation, Annahme oder Genehmigung durch den beitretenden Staat und jede Vertragspartei. Es tritt in Kraft am ersten Tag des zweiten Monats nach Hinterlegung der letzten Ratifikations-, Annahme- oder Genehmigungsurkunde.

Artikel 141

(1) Jede Vertragspartei kann dem Verwahrer einen Vorschlag zur Änderung dieses Übereinkommens zuleiten. Der Verwahrer übermittelt diesen Vorschlag an die anderen Vertragsparteien. Auf Antrag einer Vertragspartei überprüfen die Vertragsparteien die Bestimmungen dieses Übereinkommens, wenn nach ihrer Auffassung eine Änderung grundlegenden Charakters in den zur Zeit des Inkrafttretens des Übereinkommens bestehenden Verhältnissen entstanden ist.

(2) Die Vertragsparteien legen die Änderungen dieses Übereinkommens einvernehmlich fest.

(3) Die Änderungen treten in Kraft am ersten Tag des zweiten Monats nach Hinterlegung der letzten Ratifikations-, Annahme- oder Genehmigungsurkunde.

Artikel 142

(1) Werden zwischen den Mitgliedstaaten der Europäischen Gemeinschaften Übereinkommen im Hinblick auf die Verwirklichung eines Raumes ohne Binnengrenzen geschlossen, so vereinbaren die Vertragsparteien, unter welchen Voraussetzungen die Bestimmungen dieses Übereinkommens unter Berücksichtigung der entsprechenden Bestimmungen der erwähnten Übereinkommen ersetzt oder geändert werden müssen.

Die Vertragsparteien berücksichtigen dabei, daß die Bestimmungen dieses Übereinkommens eine weitergehende Zusammenarbeit vorsehen können als die Bestimmungen der erwähnten Übereinkommen.

Die Bestimmungen, die zu den Bestimmungen der zwischen den Mitgliedstaaten der Europäischen Gemeinschaften geschlossenen Übereinkommen in Widerspruch stehen, werden auf jeden Fall angepaßt.

(2) Die Änderungen dieses Übereinkommens, die von den Vertragsparteien für erforderlich gehalten werden, bedürfen der Ratifikation, Annahme oder Genehmigung durch die Vertragsparteien. Artikel 141 Absatz 3 findet Anwendung mit der Maßgabe, daß die Änderungen nicht vor Inkrafttreten des betreffenden Übereinkommens zwischen den Mitgliedstaaten der Europäischen Gemeinschaften in Kraft treten.

Zu Urkund dessen haben die hierzu gehörig befugten Unterzeichneten dieses Übereinkommen unterschrieben.

Geschehen zu Schengen, am neunzehnten Juni neunzehnhundertneunzig, in deutscher, französischer und niederländischer Sprache, wobei jeder Wortlaut gleichermaßen verbindlich ist, in einer Urschrift, die bei der Regierung des Großherzogtums Luxemburg hinterlegt wird; diese übermittelt jeder Vertragspartei eine beglaubigte Abschrift.

Für die Regierung des Königreichs Belgien

Für die Regierung der Bundesrepublik Deutschland

Für die Regierung der Französischen Republik

Für die Regierung des Großherzogtums Luxemburg

Für die Regierung des Königreichs der Niederlande

SCHLUSSAKTE

Bei der Unterzeichnung des Übereinkommens zur Durchführung des Übereinkommens von Schengen vom 14. Juni 1985 zwischen den Regierungen der Staaten der Benelux-Wirtschaftsunion, der Bundesrepublik Deutschland und der Französischen Republik betreffend den schrittweisen Abbau der Kontrollen an den Gemeinsamen Grenzen haben die Vertragsparteien die folgenden Erklärungen angenommen:

1. Gemeinsame Erklärung zu Artikel 139

   Die Unterzeichnerstaaten unterrichten sich schon vor Inkrafttreten des Übereinkommens über alle Umstände, die für die Vertragsmaterie des Übereinkommens und seine Inkraftsetzung von Bedeutung sind.

   Das Übereinkommen wird erst in Kraft gesetzt, wenn die Voraussetzungen der Anwendung des Übereinkommens bei den Unterzeichnerstaaten gegeben sind und die Kontrollen an den Außengrenzen tatsächlich durchgeführt werden.

2. Gemeinsame Erklärung zu Artikel 4

   Die Vertragsparteien verpflichten sich, alles zu tun, um gleichzeitig diesen Termin einzuhalten und kein Sicherheitsdefizit entstehen zu lassen. Vor dem 31. Dezember 1992 wird im Exekutivausschuß geprüft werden, welche Fortschritte verwirklicht worden sind. Das Königreich der Niederlande weist darauf hin, daß Terminschwierigkeiten bei einem bestimmten Flughafen nicht auszuschließen sind, ohne daß hieraus Sicherheitslücken entstehen. Die anderen Vertragsparteien werden dies berücksichtigen, ohne daß sich hieraus Schwierigkeiten für den Binnenmarkt ergeben dürfen.

   Im Fall von Schwierigkeiten wird der Exekutivausschuß prüfen, wie eine gleichzeitige Einführung am besten verwirklicht werden kann.

3. Gemeinsame Erklärung zu Artikel 71 Absatz 2

   Soweit eine Vertragspartei im Rahmen ihrer nationalen Politik zur Vorbeugung und Behandlung der Abhängigkeit von Suchtstoffen und psychotropen Stoffen von dem in Artikel 71 Absatz 2 festgeschriebenen Grundsatz abweicht, treffen alle Vertragsparteien die erforderlichen strafrechtlichen und verwaltungsrechtlichen Maßnahmen, um die unerlaubte Ein- und Ausfuhr dieser Stoffe, insbesondere in das Hoheitsgebiet der anderen Vertragsparteien, zu unterbinden.

4. Gemeinsame Erklärung zu Artikel 121

In Übereinstimmung mit dem Gemeinschaftsrecht verzichten die Vertragsparteien auf die nach Gemeinschaftsrecht vorgesehenen Untersuchungen und die Vorlage von Pflanzengesundheitszeugnissen für die Pflanzen oder Pflanzenerzeugnisse, die

a) unter Nummer 1 aufgeführt sind oder

b) unter Nummer 2 bis 6 aufgeführt sind und ihren Ursprung in einem der Vertragsstaaten haben.

(1) Schnittblumen und Pflanzenteile zu Zierzwecken von:

Castanea
Chrysanthemum
Dendranthema
Dianthus
Gladiolus
Gypsophila
Prunus
Quercus
Rosa
Salix
Syringa
Vitis

(2) Frische Früchte von:

Citrus
Cydonia
Malus
Prunus
Pyrus

(3) Holz von:

Castanea
Quercus

(4) Nährsubstrat, das ganz oder teilweise aus Erde oder einem festen organischen Stoff besteht, wie Pflanzenteile, Torf und Rinde mit Humus, die jedoch nicht nur aus Torf bestehen.

(5) Saatgut

(6) Lebende Pflanzen, wie nachstehend aufgeführt und aufgenommen in den GN-Kode der Zollnomenklatur, veröffentlicht in dem Amtsblatt der Europäischen Gemeinschaften vom 7. September 1987.

GN-KODE	Beschreibung
0601 20 30	Bulben, Zwiebeln, Knollen, Wurzelknollen und Wurzelstöcke, im Wachstum oder in Blüte, Orchideen, Hyazinthen, Narzissen und Tulpen
0601 20 90	Bulben, Zwiebeln, Knollen, Wurzelknollen und Wurzelstöcke, im Wachstum oder in Blüte: andere

0602 30 10	Rhododendron simsii (Azalea indica)
0602 99 51	Freilandpflanzen: Freilandstauden
0602 99 59	Freilandpflanzen: andere
0602 99 91	Zimmerpflanzen: Blütenpflanzen mit Knospen oder Blüten; ausgenommen Kakteen
0602 99 99	Zimmerpflanzen: andere

5. Gemeinsame Erklärung in bezug auf die nationale Politik im Asylbereich

   Die Vertragsparteien werden eine Bestandsaufnahme ihrer nationalen Politik im Bereich des Asyls vornehmen im Hinblick auf das Bestreben einer Harmonisierung.

6. Gemeinsame Erklärung zu Artikel 132

   Die Vertragsparteien unterrichten ihre nationalen Parlamente über die Anwendung dieses Übereinkommens.

Gemeinsame Erklärung

der in Schengen am 19. Juni 1990 zusammengekommenen Minister und Staatssekretäre:

Die Regierungen der Vertragsparteien des Schengener Übereinkommens werden insbesondere über folgende Punkte Besprechungen einleiten oder fortsetzen:

- Verbesserung und Erleichterung der Auslieferungspraxis;
- Verbesserung der Zusammenarbeit bei der Verfolgung von Verkehrsordnungswidrigkeiten;
- Erarbeitung von Regeln für die gegenseitige Anerkennung der Entziehung der Fahrerlaubnis;
- Möglichkeit der gegenseitigen Vollstreckung von Geldstrafen und Geldbußen;
- Erarbeitung von Regeln über die gegenseitige Übertragung der Strafverfolgung einschließlich der Möglichkeit der Überstellung des Verdächtigen in sein Herkunftsland;
- Erarbeitung von Regeln über die Rückfühung von Minderjährigen, die widerrechtlich der Aufsicht der mit der elterlichen Gewalt betrauten Personen entzogen wurden;
- Weitere Erleichterungen der Kontrollen im gewerblichen Warenverkehr.

Protokoll

In Ergänzung der Schlußakte zu dem Übereinkommen zur Durchführung des Übereinkommens von Schengen vom 14. Juni 1985 zwischen den Regierungen der Staaten der Benelux-Wirtschaftsunion, der Bundesrepublik Deutschland und der Französischen Republik betreffend den schrittweisen Abbau der Kontrollen an den gemeinsamen Grenzen haben die Vertragsparteien die folgende gemeinsame Erklärung abgegeben und die folgenden einseitigen Erklärungen entgegengenommen, die in bezug auf dieses Übereinkommen abgegeben wurden:

I. Erklärung in bezug auf den Geltungsbereich

Die Vertragsparteien stellen fest: Nach der Vereinigung der beiden deutschen Staaten wird sich die völkerrechtliche Bindungswirkung des Übereinkommens auch auf das derzeitige Gebiet der Deutschen Demokratischen Republik erstrekken.

II. Erklärungen der Bundesrepublik Deutschland zur Auslegung des Übereinkommens

1. Das Übereinkommen wird in der Perspektive der Vereinigung der beiden deutschen Staaten geschlossen.

Die Deutsche Demokratische Republik ist im Verhältnis zur Bundesrepublik Deutschland nicht Ausland.

Artikel 136 findet keine Anwendung auf das Verhältnis der Bundesrepublik Deutschland zur Deutschen Demokratischen Republik.

2. Die im deutsch-österreichischen Briefwechsel vom 20. August 1984 getroffene Regelung über Kontrollerleichterungen an den gemeinsamen Grenzen für die Staatsangehörigen beider Staaten bleibt durch diesen Staatsvertrag unberührt, muß aber im Interesse der Sicherheitslage und der Einwanderungsrisiken der Schengener Vertragsparteien so vollzogen werden, daß sich die Vergünstigungen in der Praxis auf österreichische Staatsangehörige beschränken.

III. Erklärung des Königreichs Belgien zu Artikel 67

Hinsichtlich der Übertragung der Vollstreckung von Strafurteilen wird auf nationaler Ebene nicht das Verfahren angewandt, das nach belgischem Recht für die zwischenstaatliche Überstellung von verurteilten Personen vorgesehen ist, sondern ein Sonderverfahren, das bei der Ratifikation dieses Übereinkommens festgelegt wird.

Erklärung der Minister und Staatssekretäre

Am 19. Juni 1990 haben die Vertreter der Regierungen des Königreichs Belgien, der Bundesrepublik Deutschland, der Französischen Republik, des Großherzogtums Luxemburg und des Königreichs der Niederlande in Schengen, im Großherzogtum Luxemburg, das Übereinkommen zur Durchführung des Übereinkommens von Schengen vom 14. Juni 1985 zwischen den Regierungen der Staaten der Benelux-Wirtschaftsunion, der Bundesrepublik Deutschland und der Französischen Republik betreffend den schrittweisen Abbau der Kontrollen an den gemeinsamen Grenzen unterzeichnet.

Aus Anlaß dieser Unterzeichnung haben sie folgende Erklärungen abgegeben:

- Die Vertragsparteien sind der Auffassung, daß das Übereinkommen einen wichtigen Schritt auf dem Wege zur Verwirklichung eines Raumes ohne Binnengrenzen darstellt und nehmen dies zum Ansatz für die weiteren Tätigkeiten im Rahmen der Mitgliedstaaten der Europäischen Gemeinschaften.
- Angesichts der Risiken im Bereich der Sicherheit und der illegalen Einwanderung betonen die Minister und Staatssekretäre die Notwendigkeit einer wirksamen Außengrenzkontrolle entsprechend den in Artikel 6 vorgesehenen einheitlichen Grundsätzen. Im Hinblick auf die Verwirklichung dieser einheitlichen Grundsätze werden die Vertragsparteien insbesondere auf die Harmonisierung der Arbeitsmethoden bei der Grenzkontrolle und -überwachung hinwirken.

  Darüber hinaus prüft der Exekutivausschuß alle im Hinblick auf die Gestaltung dieser Außengrenzkontrolle zweckdienlichen Maßnahmen und deren konkrete Umsetzung; zu diesen Maßnahmen gehören Maßnahmen zur Nachvollziehung der Umstände, unter denen ein Drittausländer in das Hoheitsgebiet der Vertragsparteien eingereist ist, Maßnahmen zur Angleichung der Kriterien bei der Einreiseverweigerung, zur Erarbeitung eines gemeinsamen Handbuches für die mit der Grenzüberwachung beauftragten Beamten und zur Förderung eines gleichmäßigen Kontrollstandards an den Außengrenzen durch Austausch und gemeinsame Arbeitsbesuche.

Aus Anlaß der Unterzeichnung haben sie ferner den Beschluß der Zentralen Verhandlungsgruppe, eine Arbeitsgruppe mit folgendem Mandat einzusetzen, bestätigt:

- Die Zentrale Verhandlungsgruppe schon vor dem Inkrafttreten des Übereinkommens über alle Umstände, die für die Vertragsmaterie des Übereinkommens und seine Inkraftsetzung von Bedeutung sind, insbesondere über die Fortschritte der Harmonisierung der rechtlichen Bestimmungen bei der Vereinigung der beiden deutschen Staaten, zu unterrichten.

- Die eventuellen Auswirkungen dieser Harmonisierung und dieser Umstände auf die Umsetzung des Übereinkommens zu beraten.

- Mit Blick auf die visa-freie Einreise von Drittausländern bereits vor Inkrafttreten des Übereinkommens konkrete Maßnahmen und Vorschläge zur Harmonisierung der Modalitäten der Personenkontrolle an den zukünftigen Außengrenzen auszuarbeiten.

Erklärung der Regierung der Bundesrepublik Deutschland gemäß Artikel 41 Absatz 9 des am 19. Juni 1990 in Schengen geschlossenen Übereinkommens zur Durchführung des Übereinkommens von Schengen vom 14. Juni 1985 zwischen den Regierungen der Staaten der Benelux-Wirtschaftsunion, der Bundesrepublik Deutschland und der Französischen Republik betreffend den schrittweisen Abbau der Kontrollen an den Gemeinsamen Grenzen:

In bezug auf die gemeinsame Grenze der Bundesrepublik Deutschland mit dem Königreich Belgien, mit der Französischen Republik, mit dem Großherzogtum Luxemburg und mit dem Königreich der Niederlande üben die zuständigen Beamten des Königreichs Belgien, der Französischen Republik, des Großherzogtums Luxemburg und des Königreichs der Niederlande das Recht der Nacheile auf dem Hoheitsgebiet der Bundesrepublik Deutschland ohne räumliche oder zeitliche Begrenzung (Artikel 41 Absatz 3 Buchstabe b), für alle auslieferungsfähigen Straftaten (Artikel 41 Absatz 4 Buchstabe b) und unter Einräumung des Festhalterechts (Artikel 41 Absatz 2 Buchstabe b), aus.

Erklärungen der Regierung des Königreichs der Niederlande gemäß Artikel 41 Absatz 9 des am 19. Juni 1990 in Schengen geschlossenen Übereinkommens zur Durchführung des Übereinkommens von Schengen vom 14. Juni 1985 zwischen den Regierungen der Staaten der Benelux-Wirtschaftsunion, der Bundesrepublik Deutschland und der Französischen Republik betreffend den schrittweisen Abbau der Kontrollen an den Gemeinsamen Grenzen.

In bezug auf die gemeinsame Grenze des Königreichs der Niederlande mit dem Königreich Belgien:

Auf dem Hoheitsgebiet des Königreichs der Niederlande üben die zuständigen Beamten des Königreichs Belgien – hinsichtlich der Ausübung des Festhalterechts, dessen räumlicher Begrenzung und der nacheilefähigen Straftaten – die Nacheile nach Maßgabe des Artikels 27 des Benelux-Übereinkommens über Auslieferung und Rechtshilfe in Strafsachen vom 27. Juni 1962 in der Fassung des Protokolls vom 11. Mai 1974 aus.

In bezug auf die gemeinsame Grenze des Königreichs der Niederlande mit der Bundesrepublik Deutschland:

Auf dem Hoheitsgebiet des Königreichs der Niederlande üben die zuständigen Beamten der Bundesrepublik Deutschland die Nacheile innerhalb eines Gebietes von zehn Kilometern entlang der Grenze aus; innerhalb dieses Gebietes ist das Festhalten auf der öffentlichen Straße und auf öffentlichen Grundstücken zulässig, soweit der Verfolgte im Verdacht steht, eine auslieferungsfähige Straftat nach Artikel 2 Absatz 1 des Europäischen Auslieferungsübereinkommens vom 13. September 1957 begangen zu haben oder wegen einer solchen verurteilt wurde.

Diese Erklärung läßt die Möglichkeit unberührt, gemäß zusätzlichen Regelungen nach Artikel 41 Absatz 10 das Gebiet, innerhalb dessen die Nacheile zulässig ist, aufgrund der örtlichen Gegebenheiten anders zu bestimmen.

Erklärungen der Regierung des Königreichs Belgien gemäß Artikel 41 Absatz 9 des am 19. Juni 1990 in Schengen geschlossenen Übereinkommens zur Durchführung des Übereinkommens von Schengen vom 14. Juni 1985 zwischen den Regierungen der Staaten der Benelux-Wirtschaftsunion, der Bundesrepublik Deutschland und der Französischen Republik betreffend den schrittweisen Abbau der Kontrollen an den Gemeinsamen Grenzen.

In bezug auf die gemeinsame Grenze des Königreichs Belgien mit der Französischen Republik:

Auf dem Hoheitsgebiet des Königreichs Belgien üben die in Artikel 41 Absatz 7 Anstrich 3 aufgeführten Beamten die Nacheile gemäß den folgenden Modalitäten aus:

a) die nacheilenden Beamten haben kein Festhalterecht (Artikel 41 Absatz 2 Buchstabe a);

b) die Nacheile unterliegt weder einer räumlichen noch einer zeitlichen Begrenzung (Artikel 41 Absatz 3 Buchstabe b);

c) die Nacheile beschränkt sich auf Personen, die aus der Haft geflohen sind und solche, die auf frischer Tat bei der Begehung einer Straftat nach Artikel 41 Absatz 4 Buchstabe a betroffen werden.

In bezug auf die gemeinsame Grenze des Königreichs Belgien mit der Bundesrepublik Deutschland:

Auf dem Hoheitsgebiet des Königreichs Belgien üben die in Artikel 41 Absatz 7 Anstrich 2 aufgeführten Beamten die Nacheile gemäß den folgenden Modalitäten aus:

a) den nacheilenden Beamten wird während der ersten dreißig Minuten nach dem Grenzübertritt ein Festhalterecht nach Maßgabe des Artikels 41 Absatz 2 Buchstabe b, Absatz 5 und Absatz 6 eingeräumt;

b) die Nacheile unterliegt weder einer räumlichen noch einer zeitlichen Begrenzung (Artikel 41 Absatz 3 Buchstabe b);

c) die Nacheile beschränkt sich auf Personen, die aus der Haft geflohen sind und solche, die auf frischer Tat bei der Begehung einer auslieferungsfähigen Straftat nach Artikel 41 Absatz 4 Buchstabe b betroffen werden.

In bezug auf die gemeinsamen Grenzen mit dem Großherzogtum Luxemburg und mit dem Königreich der Niederlande:

Auf dem Hoheitsgebiet des Königreichs Belgien üben die zuständigen Beamten des Großherzogtums Luxemburg und des Königreichs der Niederlande – hinsichtlich der Ausübung des Festhalterechts auf der öffentlichen Straße und auf öffentlichen Grundstücken, dessen räumlicher Begrenzung und der nacheilefähigen Straftaten – die Nacheile nach Maßgabe des Artikels 27 des Benelux-Übereinkommens über Auslieferung und Rechtshilfe in Strafsachen vom 27. Juni 1962 in der Fassung des Protokolls vom 11. Mai 1974 aus.

Erklärungen der Regierung der Französischen Republik zur Festlegung der Modalitäten für die grenzüberschreitende Nacheile in Anwendung des Artikels 41 Absatz 9

Gemäß Artikel 41 Absatz 9 des am 19. Juni 1990 in Schengen geschlossenen Übereinkommens zur Durchführung des Übereinkommens von Schengen vom 14. Juni 1985 zwischen den Regierungen der Staaten der Benelux-Wirtschaftsunion, der Bundesrepublik Deutschland und der Französischen Republik betreffend den schrittweisen Abbau der Kontrollen an den Gemeinsamen Grenzen gibt die Regierung der Französischen Republik nach Abstimmung mit den Partnerstaaten folgende Erklärungen ab:

1. In bezug auf die gemeinsame Grenze der Französischen Republik mit dem Königreich Belgien:

Auf dem Hoheitsgebiet der Französischen Republik üben die in Artikel 41 Absatz 7 Anstrich 1 erwähnten Beamten die Nacheile gemäß den folgenden Modalitäten aus:

a) die nacheilenden Beamten haben kein Festhalterecht (Artikel 41 Absatz 2 Buchstabe a);

b) die Nacheile unterliegt weder einer räumlichen noch einer zeitlichen Begrenzung (Artikel 41 Absatz 3 Buchstabe b);

c) die Nacheile ist zulässig infolge der Begehung einer Straftat nach Artikel 41 Absatz 4 Buchstabe a.

In bezug auf die gemeinsame Grenze der Französischen Republik mit der Bundesrepublik Deutschland:

Auf dem Hoheitsgebiet der Französischen Republik üben die in Artikel 41 Absatz 7 Anstrich 2 erwähnten Beamten die Nacheile gemäß den folgenden Modalitäten aus:

a) die nacheilenden Beamten haben kein Festhalterecht (Artikel 41 Absatz 2 Buchstabe a);

b) die Nacheile unterliegt weder einer räumlichen noch einer zeitlichen Begrenzung (Artikel 41 Absatz 3 Buchstabe b);

c) die Nacheile ist zulässig infolge der Begehung einer Straftat nach Artikel 41 Absatz 4 Buchstabe a.

In bezug auf die gemeinsame Grenze der Französischen Republik mit dem Großherzogtum Luxemburg:

Auf dem Hoheitsgebiet der Französischen Republik üben die in Artikel 41 Absatz 7 Anstrich 4 erwähnten Beamten die Nacheile gemäß den folgenden Modalitäten aus:

a) die nacheilenden Beamten haben kein Festhalterecht (Artikel 41 Absatz 2 Buchstabe a);

b) die Nacheile erfolgt innerhalb eines Gebietes von zehn Kilometern jenseits der Grenze (Artikel 41 Absatz 3 Buchstabe a);

c) die Nacheile ist zulässig infolge der Begehung einer Straftat nach Artikel 41 Absatz 4 Buchstabe a.

Erklärungen der Regierung des Großherzogtums Luxemburg gemäß Artikel 41 Absatz 9 des am 19. Juni 1990 in Schengen geschlossenen Übereinkommens zur Durchführung des Übereinkommens von Schengen vom 14. Juni 1985 zwischen den Regierungen der Staaten der Benelux-Wirtschaftsunion, der Bundesrepublik Deutschland und der Französischen Republik betreffend den schrittweisen Abbau der Kontrollen an den Gemeinsamen Grenzen.

In bezug auf die gemeinsame Grenze des Großherzogtums Luxemburg mit dem Königreich Belgien:

Auf dem Hoheitsgebiet des Großgherzogtums Luxemburg üben die zuständigen Beamten des Königreichs Belgien die Nacheile nach Maßgabe des Artikels 27 des Benelux-Übereinkommens über Auslieferung und Rechtshilfe in Strafsachen vom 27. Juni 1962 in der Fassung des Protokolls vom 11. Mai 1974 aus.

In bezug auf die gemeinsame Grenze des Großherzogtums Luxemburg mit der Bundesrepublik Deutschland:

Auf dem Hoheitsgebiet der Französischen Republik üben die in Artikel 41 Absatz 7 Anstrich 2 erwähnten Beamten die Nacheile gemäß den folgenden Modalitäten aus:

a) den nacheilenden Beamten wird ein Festhalterecht nach Maßgabe des Artikels 41 Absatz 2 Buchstabe b, Absatz 5 und Absatz 6 eingeräumt;

b) die Nacheile erfolgt innerhalb eines Gebietes von zehn Kilometern entlang der Grenze;

c) die Nacheile beschränkt sich auf Personen, die aus der Haft geflohen sind und solche, die auf frischer Tat bei der Begehung einer Straftat nach Artikel 41 Absatz 4 Buchstabe a betroffen werden.

In bezug auf die gemeinsame Grenze des Großherzogtums Luxemburg mit der Französischen Republik:

Auf dem Hoheitsgebiet des Großherzogtums Luxemburg üben die in Artikel 41 Absatz 7 Anstrich 3 erwähnten Beamten die Nacheile gemäß den folgenden Modalitäten aus:

a) die nacheilenden Beamten haben kein Festhalterecht;

b) die Nacheile erfolgt innerhalb eines Gebietes von zehn Kilometern entlang der Grenze;

c) die Nacheile beschränkt sich auf Personen, die aus der Haft geflohen sind und solche, die auf frischer Tat bei der Begehung einer Straftat nach Artikel 41 Absatz 4 Buchstabe a betroffen werden.

FSC
www.fsc.org
MIX
Papier | Fördert
gute Waldnutzung
FSC® C083411

Kolibri 360 GmbH
Ferdinand-Jühlke-Straße 7
99095 Erfurt, Deutschland
produktsicherheit@kolibri360.de

Druck:
CPI Druckdienstleistungen GmbH
im Auftrag der
Kolibri 360 GmbH
Ferdinand-Jühlke-Str. 7
99095 Erfurt